HAINE FROIDE

DU MÊME AUTEUR

avec Mathieu Guidère
Le Manuel de recrutement d'Al-Qaïda
Seuil, 2007

Le Sixième Continent
L'utopie de Thomas More
Vrin, 1996

NICOLE MORGAN

HAINE FROIDE

À quoi pense la droite américaine ?

ÉDITIONS DU SEUIL
*25, bd Romain-Rolland, Paris XIVe*

ISBN 978-2-02-107622-6

www.seuil.com

INTRODUCTION

Discipline de marché ou discipline de droit

Pour ceux que les répétitions rassurent et que les cycles endorment, l'élection américaine de 2012 c'est du déjà-vu, *business as usual*, dirait-on outre-Atlantique. Démocrates et républicains défendent avec passion, démagogie et souvent mauvaise foi leur programme respectif. Les premiers parlent justice et insistent sur l'importance de l'intervention de l'État sous la forme de taxation, réglementations et services, tout en promettant de réduire ses dettes et de privatiser les services. Les seconds veulent réduire le gouvernement, qu'ils jugent trop dépensier, à une peau de chagrin au nom de la vieille doctrine du laissez-faire qui, disent-ils, a fait la fortune et la prospérité des États-Unis d'Amérique dont ils promettent le retour[1].

1. Certes, la crise économique aidant, les accusations sont particulièrement véhémentes mais elles ne constituent pas une première ni sur leur fond ni sur la forme. Franklin D. Roosevelt, dans des circonstances similaires, avait été accusé, comme Barack Obama, d'être socialiste sinon communiste avec une différence dans l'affiliation : en 1942, on accusait Roosevelt d'être de mèche avec l'Union soviétique, en 2012, Obama de l'être avec la France. Nous sommes dans ce que Richard Hofstadter a appelé la vieille tradition « paranoïde » de la vie politique américaine. On peut lire ce livre qui n'a pas beaucoup vieilli : Richard

Les Européens plongés dans leurs propres problèmes politiques prêtent une attention distraite au spectacle offert par les conventions à l'américaine avec leurs fanfares, chapeaux, confettis, banderoles et pancartes. À peine prend-on note d'un mouvement populiste sorti de l'ombre : le Tea Party, trop vite assimilé à un poujadisme *made in America*, le folklore en plus.

C'est fort dommage car ce dont il s'agit, et qui n'est pas dit explicitement lors des débats, concerne l'avenir de tous les États-nations modernes dont le pouvoir, la souveraineté et les prérogatives sont remis en question par l'ouverture de leurs frontières économiques. N'y voyons aucun complot sinon, si l'on insiste, celui d'un *deus ex machina* particulièrement industrieux. Les nouvelles technologies, qu'elles soient celles de l'informatique ou simplement celle du transport réfrigéré des marchandises, offrent, à des entreprises maintenant multinationales, la planète – sols, sous-sols, océans et espaces – à exploiter, sans oublier la possibilité d'aller chercher savoirs et main-d'œuvre dans un « pool » mondial, hors des enclaves nationales. Donnons l'exemple d'un nom bien connu et de statistiques bien cachées. Apple, la plus grande compagnie américaine, n'emploie que 43 000 « nationaux », soit un dixième de la main-d'œuvre locale utilisée par General Motors lorsque la compagnie était au firmament des compagnies américaines. En revanche, Apple fait travailler indirectement plus de 700 000 fournisseurs dans le monde, en Chine particulièrement. Non seulement les salaires y sont bas, mais l'approvisionnement du matériel requis est facilité par la densité urbaine qui met toutes ses opérations à portée de main.

J. Hofstadter, *The Paranoid Style in American Politics, and Other Essays*, New York (NY), Knopf, 1965.

Les entrepreneurs ne se contentent pas d'avoir le choix de leur main-d'œuvre, choix qui les libère des lois sur le travail et des contrats syndicaux, ils ont également celui de leur résidence qui leur permet parfois d'échapper à toute fiscalité ; ils ont accès aux écoles et aux hôpitaux privés du monde entier, les poussant à l'indifférence, sinon au mépris, envers les services publics, offerts par les États modernes, qu'ils disent de moindre qualité. Ils vivent sur un sixième continent qu'ils sont en train de construire.

Il est fini le temps de l'après-révolution industrielle où l'État offrait aux grandes industries nationales privées les infrastructures et les ressources humaines dont elles avaient besoin au sein même du territoire sur lequel elles investissaient en retour. Il s'achève le temps, et plus vite qu'on ne le pense, où le mot « citoyen » conférait des devoirs et des droits particuliers d'accès à des sols, sous-sols, patrimoines, à du travail et des services. Il ne reviendra plus le temps où Paul Krugman[1] pouvait dire que l'État fédéral américain était une « méga-compagnie d'assurance doublée d'une armée[2] ». En termes de *real politik*, on peut dire que, aux États-Unis comme en Europe, le citoyen est en passe de perdre le traitement de préférence économique, légale et statutaire qui le distinguait de l'étranger. Le pouvoir souverain qu'il déléguait démocratiquement à son gouvernement lui échappe

1. Paul Krugman est un économiste américain qui a reçu le prix Nobel d'économie en 2008. Il tient une tribune depuis 2000 dans le *New York Times* où il analyse avec perspicacité et clarté la scène économique et politique. On trouvera traduit en français ses livres les plus importants, dont *Pourquoi les crises reviennent toujours*, Seuil, 2000, rééd. et mise à jour, 2009.

2. Paul Krugman, « An Insurance Company with an army », *The New York Times*, 22 octobre 2011 ; http://krugman.blogs.nytimes.com/2011/10/22/an-insurance-company-with-an-army-2/.

et ce à un degré qu'il redoute au point de réveiller l'attrait des fascismes latents et des intégrismes actifs, prometteurs de retour au sein d'un clan soudé et protecteur.

C'est une de ces révolutions qui jalonnent la très riche histoire des échanges humains documentée par Fernand Braudel[1]. C'est un de ces « défis » dont nous parle Toynbee[2], ces instants où se décident les partages de nouveaux territoires, accès et produits selon la formule d'Harold Lasswell qui définit parfaitement le champ politique : « Qui obtient quoi, quand et comment[3]. »

Revenons maintenant aux élections américaines et à ses deux partis politiques moins éloignés qu'on ne le pense qui débattent, sans le dire explicitement, d'une nouvelle attribution du pouvoir non seulement pour les États-Unis mais aussi pour le monde. Car le Parti républicain, fort d'une formidable idéologie qui sera l'objet de cet ouvrage, entend donner des réponses universelles aux questions posées par Harold Lasswell.

À la question « qui » doit avoir le pouvoir ? La réponse est simple. Si simple même qu'on pourrait dire avec John Kenneth Galbraith « qu'elle en est repoussante pour l'esprit. Lorsqu'il s'agit d'un sujet aussi important, un mystère plus profond nous semble la seule réponse décente[4] ». Et

1. Fernand Braudel (1902-1985) a étudié, entre autres, les civilisations et les mouvements de longue durée en opposition à l'histoire événementielle.

2. Arnold Toynbee (1889-1975) a écrit une synthèse de l'histoire mondiale fondée sur les rythmes universels de la croissance, de l'épanouissement et du déclin.

3. Harold D. Lasswell, *Politics : Who Gets What, When, How*, réédité par Peter Smith Pub. Inc., Gloucester (Ma), 1990.

4. John K. Galbraith (1908-2006), professeur d'économie (Princeton et Harvard), fut le conseiller économique de plusieurs présidents

pourtant cela n'a plus rien de mystérieux. « Le secteur privé » veut le pouvoir et ne plus le partager avec le secteur public qu'il souhaite privatiser sans délai. Paul Krugman n'hésite pas à désigner ses dirigeants comme les « milliardaires à la barre des pouvoirs publics », barre qu'ils tiennent depuis plusieurs années, comme nous allons l'examiner. Symptomatique de cette prise de pouvoir, la une que *The Economist* de janvier 2012 a consacrée au favori à l'investiture républicaine pour la présidence des États-Unis : Mitt Romney. Accompagnant sa photo en posture impériale, on peut lire cette question en gros caractères : *America's next CEO ?* (Prochain PDG des États-Unis)[1] ? Il ne s'agit pas d'une phrase lancée à la légère, pas même d'une métaphore. *The Economist* ne plaisante jamais lorsqu'il s'agit de vanter la supériorité du monde des affaires.

La réponse est toute aussi simple lorsqu'il s'agit de déterminer le champ des compétences : le « Quoi ? » du « Qui ? ». Le PDG-président veut gérer tout ce qui appartient au secteur public, de l'éducation à la santé en passant par les services de police, sous le prétexte qu'il est meilleur gestionnaire. Cela inclut le secteur de la défense où les

---

des États-Unis (Franklin D. Roosevelt, John F. Kennedy et Lyndon B. Johnson). La phrase citée concerne l'argent : « The study of money, above all other fields in economics, is one in which complexity is used to disguise truth or to evade truth, not to reveal it. The process by which banks create money is so simple the mind is repelled. With something so important, a deeper mystery seems only decent », in *Money : Whence it came, where it went*, Boston, Houghton Mifflin, 2001.

1. « Mitt Romney America's next CEO? Mitt Romney looks like winning the Republican nomination. The party could do worse », *The Economist*, 14 janvier 2012.

mercenaires sont de retour à une échelle peu soupçonnée[1]. Seront ainsi éliminés tous les improductifs parasitaires qui ont vécu du secteur public – les serviteurs de l'État ou les bénéficiaires de services publics.

La réponse à « Quand ? » est elle aussi simpliste et donc dangereuse : elle se conjugue au présent. La croissance à l'aune de laquelle se juge la réussite du secteur privé n'attend pas, et d'autant moins que la concurrence mondiale est vive. Toutes les lois et les réglementations environnementales, financières ou sociales, qui voudraient planifier un avenir plus équitable ou durable freinent la croissance et sont par conséquent déclarées nuisibles. On ne comprend pas les attaques lancées contre les écologistes par Sarah Palin, candidate colorée et déchue à la vice-présidence de 2008, si on ne comprend pas ce raisonnement qui est, nous le verrons, l'acte de foi en forme de syllogisme de l'École de Chicago : l'environnementalisme étant l'ennemi de la croissance, il est l'ennemi de la prospérité mondiale. Et comme la prospérité c'est la démocratie, les règlements bloquent la marche de la démocratisation.

La réponse au « Comment ? » va alors de soi : le « laissez-faire » sera la procédure. Il s'agit de « réduire le gouvernement de façon à pouvoir noyer ce qu'il en reste dans une baignoire » pour reprendre l'expression d'un autre ténor du laissez-faire, Grover Norquist. La procédure est laissée aux lois du marché qui sont justes parce qu'elles récompensent toujours les entrepreneurs qui sont capables

1. Pour un livre très bien documenté sur le sujet, voir Peter W. Singer, *Corporate Warriors. The Rise of the Privatized Military Industry*, Ithaca (NY), Cornell University Press, 2003. Et pour plus d'actualité on peut consulter http://www.alternet.org/world/144694/stunning_statistics_about_the_war_in_afghanistan_every_american_should_know/.

de répondre aux besoins de leur clientèle. Les citoyens sont des clients qui, s'ils sont laissés libres de choisir, sélectionneront les meilleurs produits et services pour, en fin de compte, l'avantage de tous. Le libre choix du vote est remplacé par le libre choix d'acheter un produit ou un service. Une main invisible y veillera, aussi bienveillante que les instincts moraux du bon sauvage de Jean-Jacques Rousseau.

Cette pression du laissez-faire n'est pas une petite poussée de fièvre printanière qui accompagnerait toute croissance, comme ce fut le cas dès qu'on en invoqua le principe… en 1680. Ce fut l'année où M. de Colbert reçut un certain M. Le Gendre qui représentait un groupe de marchands. Le contrôleur général des finances de France, sensible à leur cause, lui aurait demandé comment le roi pourrait se rendre utile. Le Gendre entra dans l'histoire en s'écriant : « Laissez-nous faire ! » Louis XIV, qui ne refusait pas grand-chose à son ministre pour le plus grand bien de son royaume, acquiesça. Donner plus de pouvoir aux marchands et premiers industriels ne diminuait en rien le sien. C'était encore le temps où il n'y avait pas de mélange de genre entre l'économique et le politique et cela dura pendant des siècles, révolution industrielle incluse.

Cela dit, le laissez-faire dont nous allons parler n'est pas le laissez-faire auquel l'histoire nous a habitués. C'est une révolution, documentée dès les années soixante-dix par Richard Barnet et Ronald Muller[1]. Ceux qui dirigent les entreprises dites multinationales, expliquent-ils, sont les premiers dans l'histoire de l'humanité qui ont le pouvoir technologique, financier et idéologique de gérer la planète

1. Richard J. Barnet et Ronald E. Muller, *Global Reach. The Power of Multinational Corporations*, New York (NY), Simon and Schuster, 1974.

selon un modèle économique unique. Il demande essentiellement de transcender les États-nations et ce faisant de transformer tout le processus politique. En l'absence d'un législatif mondial qui structure et équilibre cette prise de pouvoir, on peut dire qu'il s'agit là d'un laissez-faire absolu (au sens de séparé).

C'est un changement de registre, une révolution dans l'ordonnance des sociétés humaines dont la radicalité n'apparaît pas encore parce que noyée sous une rhétorique à l'ancienne qui fait les choux gras des médias. Aux États-Unis, cette révolution est encore moins apparente car elle est cachée derrière les textes de la Bible ou ceux des Pères de la Confédération, versant épisodiquement dans un patriotisme dont Samuel Johnson nous dit qu'il est « le dernier refuge du coquin[1] ».

Comme bien des révolutions, celle-ci a été précédée d'une longue préparation idéologique d'autant plus invisible qu'elle est devenue universelle. Les idéologies se perçoivent par contraste et comparaison. Celle-ci, parce que trop présente et familière, nous est opaque.

Comme toutes les idéologies, elle se nourrit du terrain émotionnel et culturel dans lequel elle s'enracine. Dans le cas qui nous occupe, elle trouve un écho dans la méfiance américaine ancestrale envers le gouvernement et les « élites » de Washington, doublée d'un culte pour les géants de la libre entreprise qui ont fait la fortune des États-Unis. Mais ce n'est pas une idéologie nationale. Comme le marxisme,

1. Samuel Johnson (1709-1784) est un des monuments de la littérature anglaise. Selon James Boswell, qui lui consacra une immense biographie, cette phrase – *patriotism is the last refuge of a scoundrel* – fut prononcée le 7 avril 1775, sans référence à un contexte quelconque. Il insiste sur le fait que Samuel Johnson n'attaquait pas le vrai patriotisme.

elle a une portée universelle, utilisant les nouveaux moyens de communication et le chiffre pour construire un discours unique.

Valéry l'avait dit avec élégance : « Il n'y a d'universel que ce qui est assez bête pour l'être. » Le philosophe Isaiah Berlin reprendra le thème avec la causticité qui le caractérisait : « Le succès d'une idéologie tient à sa simplicité et non pas à sa vérité. Plus une idéologie est élémentaire… plus elle attire les foules. De surcroît, les idéologies (modernes) ont des prétentions scientifiques : ceux qui y adhèrent y gagnent soudain le prestige de la connaissance. La répétition de slogans, mots de passe et catéchismes divers tient lieu d'analyse : c'est très commode et pas fatigant. Enfin, l'idéologie exonère généralement les individus de toute responsabilité : il leur suffit de s'abandonner aux forces de l'Histoire, aux lois du Progrès, pour être dans le vrai[1]. » Dans le cas qui nous occupe, le slogan du laissez-faire absolu a des accents marxistes sans le savoir et surtout sans le vouloir : il nous est promis que « la croissance sauvera le genre humain ».

Ajoutons que plus les idéologies sont simplistes plus, à la longue, elles apparaissent comme « aller de soi ». Plus elles perdurent, plus grande est la perte de contact avec la réalité et plus l'histoire que les peuples se racontent à eux-mêmes sur eux-mêmes devient délirante au sens étymologique du terme : elle sort du sillon.

Mais surtout, comme toutes les idéologies, celle-ci puise sa formidable force dans les grandes émotions de l'inconscient collectif humain. Ici, en l'occurrence, on retourne aux

1. Cité *in* Guy Sorman, *Les Vrais Penseurs de notre temps*, Paris, Fayard, 1989 ; http://www.philo5.com/Les%20vrais%20penseurs/28%20-%20Isaiah%20Berlin.htm.

classiques : la peur et la haine. L'utilisation de la peur comme levier de pouvoir a été mise en évidence lors de la « guerre contre la terreur », une métaphore qui ne veut strictement rien dire mais qui est si évocatrice qu'elle a fonctionné[1]. On s'est moins intéressé en revanche à la haine, plus difficile à cerner dans un monde où, nous dit Baudrillard, elle a remplacé la « violence ». « La haine est plus irréelle, plus insaisissable dans ses manifestations, nous dit-il, que la simple violence. On le voit bien dans le cas du racisme et de la délinquance. C'est pourquoi il est si difficile de s'y opposer, que ce soit par la prévention ou par la répression. On ne peut pas la démotiver, puisqu'elle n'a pas de motivation explicite. On ne peut pas la démobiliser, puisqu'elle n'a pas de mobile. On ne peut guère la punir, puisque la plupart du temps elle s'en prend à elle-même : elle est le type même d'une passion aux prises avec elle-même[2]. »

Ceci explique cela : la diminution sur une longue période de la violence physique, dont a fait preuve l'animal humain. Stephen Pinker a consacré au phénomène tout un ouvrage remarquablement documenté[3]. Précisons qu'il parle d'une évolution de longue durée avec ses mouvements sporadiques et ses possibles ruptures.

La haine dont nous allons parler n'est donc pas violence, quoique ce ne soit pas exclusif. Elle est « manque d'empathie », la marque de l'inhumain telle que définie par ce

1. Tom Engelhardt, *The United States of Fear*, Chicago (Ill.), Haymarket Books, 2011.

2. Jean Baudrillard, « Le degré Xérox de la violence », *Libération*, 2 octobre 1995 ; http://www.liberation.fr/tribune/0101157384-le-degre-xerox-de-la-violence.

3. Steven Pinker, *The Better Angels of our Nature. Why Violence has Declined*, New York (NY), Viking, 2011.

psychiatre qui, dans une prison de Nuremberg, répondit à la question de Goering « Qu'est-ce que le Mal ? ». Le laissez-faire total est en fin de compte un « laisser-mourir » dans l'indifférence les improductifs déchets humains, définis selon des critères économiques précis et donc chiffrés. Parce que le chiffre est le décideur, il s'agit d'une haine froide, glaciale, si l'on en croit Viktor Frankl. Ce psychiatre, prisonnier politique dans un camp de concentration, observa *in situ* que la dégradation la plus dévastatrice que les nazis infligeaient à leurs prisonniers était le chiffre tatoué sur leur bras. On leur signifiait que, n'étant plus nommés, ils ne faisaient plus partie du monde humain[1]. C'est l'ultime douleur selon cette autre psychiatre, la lumineuse mais terre à terre Françoise Dolto, qui définit l'être humain comme effort constant de communication. Nous demandons toujours à l'autre de nous définir : il en dépend de notre être-au-monde.

Bien masqué par le chiffre si froid, le sentiment de haine était pourtant évident il y a une cinquantaine d'années lorsque l'idéologie de la haine froide s'est formulée dans toute sa clarté sous la plume d'une philosophe romancière du nom d'Ayn Rand. Peu connue des Français qui en déduisent qu'elle n'existe pas, elle mérite pourtant plus qu'un détour de la pensée tant son influence dûment orchestrée par tout l'argent du monde est importante aux États-Unis. L'objet de notre première partie – « Au début était la haine » – sera de faire les présentations.

Cette Américaine d'adoption, née en Russie au début du siècle dernier, fut la pasionaria d'un capitalisme extrême,

1. Viktor E. Frankl, *Man's Search for Meaning*, New York (NY), Washington Square, 1959.

attaquant le marxisme cela va sans dire, mais surtout toutes les formes de socialismes européens, vers lesquelles inclinaient, selon elle, les États-Unis. Elle le fit à travers un discours philosophique aride, comme la plupart, mais surtout, et cela explique en partie son succès, en mettant en scène dans ses romans fleuves des héros beaux et solitaires (les entrepreneurs-créateurs) et des méchants ou plutôt les parasites méprisables (politiciens, fonctionnaires et récipiendaires) qui, comme tous les parasites, vivent aux dépens de leur corps porteur et dont il s'agit ni plus ni moins de se débarrasser. C'est théâtral et sans nuances, mais efficace pour construire ce genre de *mythos* sur lequel reposent les idéologies dures qui réclament des exterminations.

L'idéologie randienne est dure dans le contenu et dans la forme : un culte entoure Ayn Rand et ceux qui la critiquent le font à leurs risques et périls. C'est un culte entretenu grâce aux « dons généreux de la haute finance[1] » qui distribuent ses livres à des millions d'exemplaire depuis plus de trente ans dans les écoles et les universités. C'est de l'argent bien placé : d'après une enquête commanditée par la bibliothèque du Congrès, Ayn Rand talonne la Bible en termes d'influence sur les esprits jeunes et moins jeunes. Et ce n'est pas rien lorsqu'on connaît l'importance de la lecture de la Bible dans la psyché politique américaine.

L'histoire des idéologies étant faite, toujours selon Isaiah Berlin, de « cette rencontre entre des destins particuliers et des préoccupations universelles », Ayn Rand est arrivée à point nommé pour donner une permission prétendument morale à tous les entrepreneurs de la mondialisation, dont

1. Ayn Rand, « The Tea Party's Miscast Matriarch », *CounterPunch*, 28 février 2012 ; http://www.counterpunch.org/2012/02/27/ayn-rand-the-tea-partys-miscast-matriarch/.

les yeux s'embuent de rêves devant des champs de richesse jamais espérés[1]. Ils la vénèrent. Sa légitimation de la haine froide drape des plis de la justice les lobbyistes de la Chambre de commerce qui demandent l'abrogation de la loi qui permettrait aux pompiers du 11 Septembre d'obtenir des soins de santé sur le long terme, soins dont ils ont désespérément besoin après avoir été exposés à des émanations toxiques dans les premiers jours qui ont suivi le désastre. Elle a soufflé à l'oreille de Michael Douglas le texte « L'avidité au gain est la plus grande des vertus » (« *Greed is good* ») qu'il récita avec talent dans le film *Wall Street*. Elle a aidé les agents financiers de Wall Street à étaler à leur fenêtre la banderole narquoise « Nous sommes le 1 % » en réponse aux protestations de la rue du mois d'octobre 2011. Et on se souviendra que lorsqu'en septembre de la même année la foule a hurlé « Oui » à la question « Doit-on laisser mourir quelqu'un qui n'a pas pris une assurance santé privée ? », on entendait en écho ce que dit un jour son disciple le plus fervent, Alan Greenspan, ancien président de la Réserve fédérale, la Banque centrale des États-Unis : « La justice est implacable. Les [entrepreneurs] créateurs dont le but inflexible est la rationalité atteignent les plus hauts degrés de joie et d'épanouissement. Les parasites qui évitent de manière persistante cette destinée périssent... comme il se doit[2]. » L'autre partie de l'équation est que les créateurs non seulement méritent d'être milliardaires, mais qu'il serait

1. Ce n'est pas la première fois qu'une telle permission est donnée. Au début du XVIe siècle, aux prémices de l'économie monde, Luther et Calvin déculpabilisèrent l'or et les banques. Le capitalisme était né.

2. Interview au *New York Times* (1958). Le contexte est donné dans l'article suivant consacré à Ayn Rand et ses disciples : http://www.nytimes.com/2007/09/15/business/15atlas.html?pagewanted=all.

suicidaire pour les États-Unis de vouloir leur faire payer des impôts qui ne servent qu'à faire vivre les parasites. Ayn Rand est à la tête d'une singulière révolte : celle d'Atlas, ce géant qui refuserait de porter le monde sur son dos, la révolte des riches contre les mendiants (tous ceux que l'État fait vivre ou protège). D'où le titre de son roman dont le succès ne fait que croître, trente ans après sa mort : *Atlas Shrugged* (*La Révolte d'Atlas*), paru en français en 2011, grâce au don d'un riche mécène, sous le titre *La Grève*[1] (au sens non pas du rivage mais de « Atlas fait grève »).

Passons, dans la deuxième partie du présent ouvrage, à ce moment où, selon son titre, « La haine se glaça ». Car au *mythos* il faut un *logos* pour passer au statut d'idéologie. La passion laisse place à la rationalisation, le temps de *la théorie du choix rationnel* développée par l'École de Chicago et ses vedettes consacrées par plusieurs prix Nobel. C'est une théorie qui sied aux idéologies en ce qu'elle est infiniment simple et réductionniste : elle applique les modèles de microéconomie à tout le champ des comportements humains, politiques y compris. C'est, en ce sens, la fin de l'histoire comme l'entendait Francis Fukuyama[2].

Sous l'égide de l'École, pendant une quarantaine d'années, les structures de langage et de pensée changent dans les universités, médias et cercles politiques au point qu'il n'est plus possible de formuler une question politique sans référent économique et que le bien commun est défini uniquement

1. Ayn Rand, *La Grève*, Paris, Les Belles Lettres, 2011, traduction de Sophie Bastide-Foltz.

2. Francis Fukuyama, *La Fin de l'histoire et le Dernier Homme*, Paris, Flammarion, 1993.

en termes de croissance économique. Cela ne se fit pas par un enseignement du type platonicien, re-transmis au monde par ses disciples admirateurs. Cela se fit de manière méthodique et subtile et dans le silence de la mer. L'ancien directeur du *Harper's Magazine*, Lewis Lapham, dira dans un article au titre évocateur (« Les tentacules de la rage ») que la reconstruction de la pensée dans les centres de recherche et les universités avec l'aide des toutes-puissantes « fondations » fut « le mécanisme non institutionnel le plus puissant jamais mis en place dans une démocratie, dans le seul but de promouvoir un système de croyances[1] ».

C'est un système de croyance dont la simplicité sied à la logique binaire de l'informatique et qui nous impose une morale ou plutôt une discipline universelle. « La discipline du marché », laquelle est reliée à l'idée de concurrence libre nécessaire si l'on veut maximiser l'efficacité et donc les rendements. Les règlements et lois (vus comme non naturels, immoraux et inefficaces) ne sont pas nécessaires, et une main invisible veillera à tout, nous disciplinant au besoin. Selon cette doctrine, c'est le marché qui s'est chargé de discipliner et de mettre au pas la Grèce, la France et l'Espagne, pays coupables d'être trop généreux envers des improductifs.

Dans la troisième partie, « Et la haine se fit chair », nous comprendrons mieux peut-être l'histoire des politiques américaines, faite de déréglementations et de privatisations qui, sur plus de trente ans, ont réduit le gouvernement à cette peau de chagrin qu'un discours devenu unique lui assigna. « La main invisible », telle qu'interprétée par

1. Lewis H. Lapham, « Tentacles of Rage. The Republican propaganda mill, a brief history », *Harper's Magazine*, vol. 309, n° 1852, 1er septembre 2004.

Milton Friedman, la vedette de l'École de Chicago, frappa la réalité politique de plein fouet au point où nombreux sont ceux qui avancent l'hypothèse selon laquelle jamais philosophie politique, si ce n'est celle de Marx, ne contribua autant à changer la répartition des pouvoirs dans le monde en général et aux États-Unis en particulier.

Milton Friedman qui vient de mourir à un âge avancé avait l'énergie des grands prosélytes. Il a parcouru le monde de l'Inde à l'Islande en passant par le Chili, la Chine et les États-Unis où il se multiplia. Forts des conseils qu'il leur prodigua, les présidents, qu'ils soient démocrates ou républicains, acceptèrent comme une nécessité cette discipline du marché que Friedman disait nécessaire à la survie. On n'en discuta pas même les prémisses. Les présidents successifs parlèrent tous la même langue, utilisant des mots tirés d'un discours unique dont nous analyserons longuement la fabrication, sciences cognitives aidant et lobbying finançant. On ne peut notamment comprendre en effet la vie politique des États-Unis sans comprendre l'influence du lobbying qui désespère, entre autres, Bill Moyers, l'un des observateurs les plus profonds de la scène politique américaine. « Nos hommes politiques, déclare-t-il lors d'une conférence, ne sont guère que des blanchisseurs d'argent dans le trafic de pouvoir et de politiques[1]. » Il ne s'agit pas ici d'une de ces phrases théâtrales auxquelles la scène politique française nous a habitués : aux États-Unis le passage de pouvoir du public au privé est un fait pratiquement accompli.

Les idéologies ont la vie dure. La débâcle économique

1. Bill Moyers, conférencier d'honneur, « The countervailing force to corporate power », Public Citizen's 40th Anniversary Celebration, 20 octobre 2011 ; http://www.niemanwatchdog.org/index.cfm?fuseaction=background.view&backgroundid=584.

des marchés financier et immobilier de 2007-2008 ne fut perçue en rien comme l'échec des politiques du laissez-faire, bien au contraire : les passions se déchaînèrent. Ce sera le temps des fanatismes dont nous présenterons la colère dans la quatrième partie.

Un petit regroupement populiste parti de rien, le Tea Party, dûment financé par des « mains invisibles » mais généreuses, les mêmes qui ont financé Ayn Rand, va ajouter cet élément passionnel à l'idéologie lorsqu'elle cherche à dévier l'attention et la colère sur un bouc émissaire, ici, à vrai dire, un troupeau de boucs. On brûle les livres, on pend en effigie, on invective, et certains mots sont systématiquement accueillis par des huées, socialisme en tête. Cela a dépassé les scènes de rue lorsque, lors du combat pour la primaire républicaine, Newt Gingrich, aspirant à la présidence des États-Unis d'Amérique, a accusé un de ses adversaires de… parler français, preuve de sa sympathie politique envers le pays toujours considéré comme le plus socialiste d'Europe, même du temps de la présidence de Nicolas Sarkozy.

Mais revenons aux États-Unis. Autour des malheureux boucs émissaires, et dans une atmosphère de curée, d'étranges alliances se font entre les intégristes qui voudraient revenir à une religion d'État (dont l'un des candidats à l'investiture en vue de la présidentielle) et les nouveaux pouvoirs qui ne croient qu'aux chiffres. C'est une de ces alliances souvent éphémères mais elle risque cette fois de perdurer dans la mesure où l'idéologie du chiffre et de la croissance ne veut pas s'encombrer avec les déchets qu'elle produit : non seulement les déchets dits naturels mais également les déchets que représentent certains humains, ceux dont la survie jugée inutile et coûteuse dépend de l'État (enfants déficients, personnes âgées, handicapées sans travail, sans abris et sans santé). Au nom du « capitalisme compatissant » leur prise en charge a commencé à être déléguée aux familles et Églises, lesquelles verront le nombre de leurs ouailles décupler dans les années qui viennent. Le terrain est favorable.

Autre avantage de la religion : la lecture étroite de certains textes de la Bible permet de semer le doute sur certaines théories scientifiques, telle celle de l'évolution. De là à remettre en question toutes les sciences, la science de l'environnement en tête, il n'y a qu'un pas, vite franchi par le complexe industriel. Le glissement est pernicieux : il est demandé que la théorie du « dessein intelligent » soit enseignée au même titre que les théories de l'évolution. Du coup on peut demander que les conclusions des études sur l'effet de serre dont on ne veut pas s'embarrasser soient enseignées en même temps que la poignée d'études qui le remettent en question. On répète : « C'est une matière à opinion, et nous sommes dans un pays de liberté d'opinion. »

Dernier avantage : la sexualité, dénoncée par le candidat républicain Rick Santorum qu'elle obsède, permet les regroupements et associations les plus soudées. Certains sujets tels l'avortement ou l'homosexualité sont en effet si émotionnellement chargés aux États-Unis que quiconque se fait le défenseur d'un retour à une morale intégriste sécurise des bulletins des votes quel que soit son programme économique. Discipline des marchés et discipline religieuse font, le temps des élections, bon ménage et ce d'autant que les deux n'aiment rien moins que punir, avec une rage que certains commentateurs, dont Paul Krugman, commencent à percevoir.

Car il faut un ordre dans le grand désordre de la mondialisation, qui ne peut rester longtemps un vortex, cette force puissante mais sans structure. Il n'y a aucun gouvernement mondial pour mettre de l'ordre dans le partage de ressources, convoitées par un nombre de plus en plus grand d'entités. Aucun tribunal ne juge leurs modalités d'exploitation de plus en plus destructrices. Aucune prison n'accueille les nouveaux types de criminels dont les chefs d'accusation ne sont pas encore rédigés. Il n'y a, pour le moment, que de vieilles réponses à ce défi : le laissez-faire totalitaire, version à peine modifiée du darwinisme social, les nationalismes émergents, les intégrismes durs et les mafias en tout genre, qui aiment que les désordres soient au zénith de leur influence.

L'Europe, quant à elle, perdue dans le vortex, n'offre que des réponses nostalgiques. La nostalgie n'est, malheureusement, ni une idéologie ni un pouvoir. Elle n'est qu'une longue pleurnicherie qui nous rappelle cet automne du Moyen Âge dont nous parle Huizinga[1]. Lorsqu'il lui est demandé de recevoir la férule de la discipline de marché, elle ne peut pas refuser, non pas parce qu'elle n'en a pas les moyens économiques mais parce qu'elle n'a pas les outils conceptuels de dire non et de proposer un modèle mieux adapté. Sa pensée libérale égalitaire et son idéologie des droits et ayants droit individuels illimités ont été conçus à une époque où frontières et technologies permettaient d'en gérer l'application sur un territoire donné, structuré par les institutions publiques. Elles ne tiennent plus la route. Prisonnière de la construction trop rapide d'une confédération européenne assortie d'une constitution mal rédigée, prisonnière terrifiée des flux de populations qui

1. Johan Huizinga, *L'Automne du Moyen Âge*, Paris, Payot, coll. « Petite Bibliothèque Payot », 2002.

traversent son territoire et d'une jurisprudence qui n'est pas sans rappeler la glose, l'Europe est incapable d'être un État au sens étymologique du terme, *qui se tient debout* (du verbe *stare*).

Voilà pour les scénarios pessimistes qui remplissent par ailleurs le paysage de la pensée. Et la pensée mène le monde, aimait à répéter l'économiste honni par le laissez-faire : John Maynard Keynes. Il était honni parce qu'il avait fait de l'État une entreprise de droit et de fait qui se tenait debout, contre-pouvoir essentiel aux pouvoirs d'intérêts particuliers trop puissants.

Nous sommes à la charnière d'un pari quasi pascalien. Ou bien on croit en une main économique invisible qui répandra prospérité et liberté sur la planète, ou bien on n'y croit pas et l'on reconstruit et renforce des structures étatiques autour de nouvelles lois nationales et internationales qui permettent de gérer localement et globalement les accès aux ressources naturelles et humaines de la planète. Droit ou non-droit !

Les penseurs du droit n'ont pas beaucoup de temps non seulement parce que nous avons de moins en moins d'espace, mais aussi parce qu'il y a de plus en plus de preneurs pour une idéologie qui promet des récompenses immédiates. Peut-être, après avoir tant rêvé à des futurs possibles, allons-nous vers une époque où les humains ne vivront plus qu'au présent. Isaiah Berlin les appelait les Barbares : « Ceux qui ne sont pas curieux de savoir d'où ils viennent, comment ils en sont arrivés là, où ils s'en vont, s'ils veulent vraiment y aller, et si oui, pourquoi, et si non… pourquoi pas. »

Ainsi s'éteindrait le rêve des Lumières qui faisait pleurer Kant de joie. « Le genre humain, disait-il, a toujours été en progrès et continuera toujours de l'être à l'avenir : ce qui ouvre une perspective à perte de vue dans le temps. » Ayn Rand, la pasionaria du laissez-faire absolu, l'appelait « l'homme le plus maléfique de l'histoire ».

Le chapitre qui suit explique pourquoi elle lui en voulait tant.

PREMIÈRE PARTIE

Au début était la haine…

Ayn Rand en voulait à Kant pour une question bien sentimentale. Le maître de Königsberg était au fond un romantique dont on rappellera qu'il fit graver sur sa tombe : « Le ciel étoilé au-dessus de ma tête et la loi morale dans mon cœur. » Ayn Rand demanda qu'on place sur son cercueil une gerbe de fleurs géantes en forme de $, le symbole du dollar dont elle fit la seule loi morale universelle. Kant parle humilité, amour de la loi morale, justification ultime du devoir. Ayn Rand parle surhomme, individualité et haine des parasites qui vivent d'un bien commun qu'elle dit illusoire et qu'elle semble détester à la passion.

Tout a en effet commencé par la haine qu'elle voua donc à Kant mais surtout à Karl Marx[1], un autre idéaliste égalitaire dont elle se voulut la Némésis idéologique.

C'est le premier secret le mieux gardé des sciences politiques : ainsi naissent, dans l'émotion, les idéologies. Elles ne descendent pas directement d'un ciel des Idées,

1. Karl Marx est né en 1818 et mort en 1883. Ayn Rand est née en 1905, bien après la mort de Marx mais, à Saint-Pétersbourg, où elle a vécu la Révolution russe au cours de laquelle ses parents ont tout perdu.

pas plus qu'elles ne sont le produit d'une marche balisée et donc rassurante de l'histoire qu'on appelle progrès. Elles naissent presque par hasard. « Examinons, écrit son quasi-contemporain et compatriote Isaiah Berlin, le cas de Marx et de Disraeli qui sont à cet égard exemplaires [...] Tous deux vont [...] s'inventer des familles, des racines de substitution. Pour Marx, ce sera le prolétariat ; pour Disraeli, ce sera l'aristocratie. Marx ne connaît pas plus les prolétaires que Disraeli les aristocrates : ce sont, dans les deux cas, des produits de leur imagination, des catégories sociales mythiques auxquelles ils attribuent un destin prodigieux. Marx se fixera pour vocation de guider le prolétariat, et Disraeli de guider l'aristocratie[1]. » Ayn Rand s'était fixé quant à elle d'être l'égérie de la classe d'affaires, dont elle ne connut que peu de spécimens mais sur lesquels elle fantasma beaucoup.

Revenons à sa colère qui n'était pas, il faut le reconnaître, sans quelques motifs. Née en 1905 à Saint-Pétersbourg, elle fut témoin de la montée du communisme et de la brutalité des bolcheviques qui confisquèrent la pharmacie de son père. Elle connut l'exil, la pauvreté et des difficultés pour continuer ses études universitaires de philosophie. Elle s'exila en 1926 vers le pays dont elle rêvait à travers les films d'Hollywood : les États-Unis.

Comme pour beaucoup d'immigrants, les débuts furent rudes mais, le destin aidant, elle fut embauchée comme scénariste sous la direction de Cecil B. DeMille, apprit la mise en scène, tâta de la rédaction de scénario, puis

1. Cité *in* Guy Sorman, *Les Vrais Penseurs de notre temps*, *op. cit.* ; http://www.philo5.com/Les%20vrais%20penseurs/28%20-%20Isaiah%20 Berlin.htm.

très vite s'imposa comme romancière ou plutôt comme romancière-philosophe. Si elle a écrit quelques ouvrages austères de philosophie[1], elle a surtout exprimé sa pensée dans des romans-fleuves à travers les déclarations de héros dissertant et d'héroïnes qui les admiraient sans réserve : *Nous, les vivants* publié en 1936, *La Source vive* publié 1943 et *La Révolte d'Atlas*[2] son *magnum opus* de plus de mille pages, l'un des romans les plus longs jamais écrits en langue occidentale, paru en 1957. Lequel, on l'a vu, vient d'être publié en France sous le titre *La Grève*[3].

Son vœu d'égaler Marx fut en partie exaucé. Certes on ne lui érigea aucun monument, on ne lui bâtit aucun mausolée et on ne fit pas de guerre en son nom. Tout

1. *La Vertu d'égoïsme*, Paris, Les Belles Lettres, coll. « Bibliothèque classique de la liberté », 1993, préface d'Alain Laurent, traduction de Marc Meunier (titre original : *The Virtue of Selfishness*, 1964) ; *The Objectivist Newsletter 1962-1966*, et *The Objectivist 1966-1971*, New Milford (Ct.), Second Renaissance Books, 1990 ; *Capitalism. The Unknown Ideal*, New York (NY), NAL/Dutton, Signet, coll. « PGMJ », 1994 ; *Return of the Primitive*, New York (NY), Penguin Putnam Inc., 1971 ; *Introduction to Objectivist Epistemology*, New York (NY), Signet Books, coll. « Mentor », 1979 ; *For the New Intellectual*, New York (NY), Dutton Signet, 1992.

2. Ayn Rand, *Atlas Shrugged*, New York (NY), Dutton, 1992 [1957]. On trouve maintenant le livre sur Ipad : http://itunes.apple.com/us/app/ayn-rands-atlas-shrugged-a/id460533345?mt=8.

3. *Op. cit.* La traduction française d'*Atlas Shrugged* est accompagnée d'une biographie d'Ayn Rand par Alain Laurent, intitulée : *Ayn Rand ou la Passion de l'égoïsme rationnel*, aux Belles Lettres également. Il s'agit à vrai dire de la seconde édition française de *La Grève* puisqu'une édition pirate est parue en 2009 sur internet aux Éditions Travailleur (qui n'existent pas) sous le titre *La Révolte d'Atlas*. Cette traduction de Monique di Pieirro n'est plus disponible (ou du moins difficilement) depuis la parution officielle aux Belles Lettres. Nous avons néanmoins pu la consulter au mois de septembre 2011 avant la fermeture du site.

au plus en 1999 imprima-t-on un timbre à son effigie. Sa notoriété n'a en outre jamais dépassé les États-Unis. Contrairement à Marx, elle est peu connue en France[1], et les milieux intellectuels français ne mesurent pas l'étendue de son influence politique.

Et pourtant, non seulement celle-ci a été profonde mais elle perdure et a atteint aux États-Unis un degré qui n'a rien à envier à celle que l'auteur du *Manifeste du Parti communiste* exerça dans certains pays. Elle n'est pas la cause première de ce qu'on appelle aujourd'hui la révolte des riches, mais elle en a certainement été l'inspiratrice, celle qui lui a donné son *impetus*. Elle a compté, parmi les disciples les plus fervents de sa pensée[2], une élite politique et d'affaires américaine dont faisait partie notamment Alan Greenspan. Président pendant près de vingt ans de la Réserve fédérale, il n'a jamais caché qu'elle lui avait inspiré sa politique du total laisser-aller économique. Il est le plus connu de ses disciples mais la liste de personnalités toutes aussi influentes se réclamant d'elle est longue. En 1967, Ted Turner fit ériger 248 panneaux d'affichage gigantesques au nom de John Galt, le héros de *La Révolte d'Atlas*. Et parmi les plus récents, de nombreux chefs d'entreprise dont Jimmy Wales le créateur de Wikipédia – l'encyclopédie de tous les savoirs –, des grands noms de la presse écrite

1. Deux biographies en anglais sont sorties en 2009 à deux semaines d'intervalle : celle d'Anne C. Heller, *Ayn Rand and the World she Made*, New York (NY), Doubleday, 2009, et celle de Jennifer Burns, *Goddess of the Market. Ayn Rand and the American Right*, Oxford (Miss.), Oxford University Press, 2009. On peut lire une recension comparative des deux ouvrages sur le site du *New York Times* : http://www.nytimes.com/2009/10/22/books/22rand.html.

2. En ligne. Murray N. Rothbard, « The Sociology of the Ayn Rand Cult », http://www.lewrockwell.com/rothbard/rothbard23.html.

et parlée, des juges, notamment de la Cour suprême, des chefs de file du Tea Party et un bon nombre d'élus républicains à la Chambre des Représentants. Paul Ryan – le Représentant du Wisconsin et président du Comité de la Chambre pour le budget – répète à qui veut l'entendre que la lecture d'Ayn Rand a été le catalyseur qui l'a poussé à entrer en politique. Il exige des membres de son équipe qu'ils lisent ses livres. Mais il n'a sans doute même pas à imposer cette lecture aux plus jeunes de ses assistants. Ayn Rand a toujours été populaire auprès des jeunes, au point qu'Hilary Clinton elle-même avoua que, pendant les années soixante, elle était passée comme tous ses contemporains par « une période Ayn Rand ».

Mais, à la différence des penseurs à la mode des années hippies dont les livres se couvrent de poussière dans les bibliothèques elles-mêmes révolues, le succès et surtout l'impact des écrits d'Ayn Rand ne s'est jamais démenti. Durant les années quatre-vingt, *La Révolte d'Atlas* se vendait à une moyenne de 77 000 exemplaires par an pour grimper à 95 000 durant la décennie suivante. Depuis le début du troisième millénaire, les ventes ont augmenté chaque année pour atteindre plus de 300 000 volumes en 2009. En avril de la même année, il était en quinzième position dans la liste des ouvrages les plus vendus sur amazon.com. Il est passé à la première place en 2011. Elle contesterait certainement de figurer dans la catégorie « fiction », car, écrit-elle dans la préface : « Je n'ai confiance en aucun de ceux qui me diront que des hommes tels que ceux que je décris n'existent pas. Le fait que ce livre ait été écrit – et publié – est ma preuve qu'ils existent bel et bien[1]. » Ce

1. Préface de l'édition pirate mentionnée plus haut ; http://webresistant.over-blog.com/6-categorie-11425299.html.

livre n'est pas fait pour passer le temps, ou rêver, mais pour changer le monde.

Selon une étude menée conjointement en 1991 par la Librairie du Congrès américain et le Club du Livre du mois, *La Révolte d'Atlas* arrive en deuxième place derrière la Bible dans la liste des livres qui ont exercé le plus d'influence sur le mode de pensée des Américains. Le fait est connu mais n'est pas apprécié à sa juste valeur car il faut comprendre ce que représente la Bible aux États-Unis où la pratique religieuse est intense. À titre d'exemple, il faut savoir que la Constitution de l'Arkansas interdit aux athées non seulement l'accès aux emplois du service public mais aussi à celui de toutes les cours de justice où ils ne peuvent être témoins puisqu'il leur faudrait prêter serment sur la Bible[1]. Quarante-quatre millions de bibles sont vendues chaque année aux États-Unis, avec une concentration géographique au sud-est, communément appelée « la ceinture de la Bible ». D'après l'étude réalisée dans neuf pays pour le compte de la Fédération biblique catholique internationale, 93 % des Américains possèdent une bible chez eux. Celle-ci ne les quitte pas, même dans leurs déplacements : elle est présente à côté de l'annuaire téléphonique, dans le tiroir de la table de nuit de la plupart des hôtels. Elle n'est pas un ornement : on la lit souvent et beaucoup. 75 % des Américains déclarent en avoir lu au moins un passage dans l'année (à titre de comparaison les chiffres respectifs pour la France sont de 46 % et 21 %).

1. Arkansas, article 18, section 1 : « Toute personne qui ne croit pas à l'existence d'un Dieu ne pourra tenir de position dans les ministères civils de l'État. Elle ne pourra pas non plus être entendue comme témoin devant les tribunaux. »

Le Nouvel Âge n'est pas de reste et on retrouve plus que jamais sur les blogs et lettres en chaîne les phrases dites « inspirées » d'Ayn Rand en compagnie de celles d'Einstein ou du dalaï-lama ; telle celle-ci particulièrement prisée et extraite de *La Révolte d'Atlas* : « Ne laisse pas ta flamme s'éteindre, étincelles après précieuses étincelles, dans les eaux putrides du presque, du pas encore ou du pas du tout. Ne laisse pas périr ce héros qui habite ton âme dans les regrets frustrés d'une vie que tu aurais méritée, mais que tu n'as jamais pu atteindre. Tu peux gagner ce monde que tu désires tant, il existe, il est bien réel, il t'appartient. Tout est possible. »

Et au cas où l'on douterait encore de l'importance toujours actuelle d'Ayn Rand, on peut consulter le site de l'ARI (Ayn Rand Institute). La lecture en vaut la peine :

« L'ARI se veut le fer de lance d'une renaissance culturelle qui renversera les tendances anti-individualiste, antiliberté et anticapitalistes qui ont envahi notre culture d'aujourd'hui. Le champ de bataille principal de cette lutte au nom de la raison et du capitalisme sont les institutions éducatives – les collèges et, encore plus, les universités où les étudiants apprennent les idées qui donnent forme à leur existence... À cette date, plus de 1,4 million d'exemplaires des romans d'Ayn Rand ont été distribués à 30 000 professeurs dans 40 000 salles de classe aux États-Unis et au Canada.

La vie en rayon d'un livre étant de cinq ans, nous estimons que, grâce à nos programmes, plus de 3 millions de jeunes gens ont été introduits à la lecture et aux idées d'Ayn Rand... Nous avons établi un partenariat avec les communautés d'affaires afin de promouvoir la pensée d'Ayn Rand dans les universités.

Grâce à l'assistance de l'ARI, les idées d'Ayn Rand sont enseignées et étudiées dans plus de cinquante des institutions les plus influentes du haut savoir : Clemson University, Duke University, University of Virginia, University of Texas à Austin, University of Pittsburgh, University of North Carolina à Chapel Hill, Brown University, University of Kentucky, University of South Carolina, University of Florida, University of West Virginia et Wake Forest University[1]. »

À la suite d'une visite sur ce site, Gary Weiss, auteur d'un ouvrage récent sur Ayn Rand[2], enquêta plus avant sur le financement de l'Institut à travers le système de fondations, d'aides à la recherche, de bourses et autres dons aux universités. Il en ressortit que les banques BB&T (Branch Banking and Trust) et Koch avaient contribué, à coups de millions de dollars, à financer la propagation de la pensée randienne[3].

Ayn Rand n'a pas vécu assez longtemps pour apprécier cette consécration, mais elle n'en aurait pas été le moins du monde surprise, l'humilité ne faisant pas partie de ses qualités. Une anecdote rapportée par Anne Heller[4], l'auteur d'une de ses biographies les plus fouillées, est particulièrement révélatrice, sinon prémonitoire. Alors qu'elle en était

1. Site du Ayn Rand Institute, http://www.aynrand.org/site/PageServer?pagename=about_ari.

2. Gary Weiss, *Ayn Rand Nation. The Hidden Struggle for America's Soul*, New York (NY), St. Martin's Press, 2012.

3. On lira pour plus de détails deux articles recensant le livre de Gary Weiss, parus en ligne sur le site HuffingtonPost : « Ayn Rand, The Tea Party miscast Matriarch » paru le 27 février 2012 (http://www.counterpunch.org/2012/02/27/ayn-rand-the-tea-partys-miscast-matriarch/) et « Resurrecting Ayn Rand Hedge Fund Money teams up with Koch and BB&T » (http://www.counterpunch.org/2012/02/28/resurrecting-ayn-rand-hedge-fund-money-teams-up-with-Koch-bbt/).

4. Anne C. Heller, *Ayn Rand and the World she Made*, *op. cit.*

aux dernières retouches de son roman-fleuve, *La Révolte d'Atlas*, son éditeur de Random House la supplia de raccourcir le discours de son héros, John Galt, qui, bien qu'il n'apparaisse que dans la troisième partie du livre, n'arrête plus ensuite de parler. Il se vit répondre sans ambages ni humour – Ayn Rand en était totalement dépourvue lorsqu'il s'agissait de son œuvre : « Est-ce que vous raccourciriez la Bible ? » Cela dit, la deuxième place après la Bible aurait déplu à celle qui voulait être la première et aimait à répéter : « Je veux être connue comme la plus grande championne de la raison et l'ennemi le plus mortel de la religion[1]. » La remarque est savoureuse pour deux raisons. La première est connue : parmi ses admirateurs on trouve bon nombre d'intégristes religieux qui veulent réinstaurer la religion d'État. La seconde est plus cachée. Il faut savoir qu'Ayn Rand fut la prêtresse d'un culte quasi mystique qui perdure. Murray N. Rothbard nous en résume les contradictions, propres à tous les cultes de ce genre. Au nom de l'indépendance, ses membres devaient promettre à Ayn Rand dépendance absolue. Au nom de l'individualité, ils lui promettaient obéissance et adoration. Au nom de la Raison objective, la base philosophique de son enseignement, ils lui devaient la foi. Quiconque s'égarait du chemin tracé était non seulement exclu du cercle, mais les membres devaient promettre de ne plus jamais même prononcer son nom, celui du psychologue Nathaniel Branden en tête. Le crime dont ce dernier s'était rendu coupable n'était pourtant pas de nature philosophique : le jeune amant et disciple d'Ayn Rand était tombé amoureux d'une autre femme, plus jeune de surcroît.

1. David Harriman (éd.), *Journals of Ayn Rand. 9 avril 1934*, New York (NY), Dutton, 1997.

« Dans un développement qui n'est pas sans rappeler de manière hallucinante l'orchestration de la haine dirigée contre l'hérétique Goldstein dans le *1984* d'Orwell, Rand demandait à ses disciples de signer un serment de loyauté. Essentielle au serment : une déclaration selon laquelle le signataire devait promettre de ne jamais lire aucun des ouvrages de l'apostat et hérétique Branden. Après leur rupture, quiconque était vu avec un livre ou article de Branden devait jurer de cesser définitivement tout contact avec lui[1]. »

Bref, on comprendra que l'éditeur d'Ayn Rand qui osa suggérer quelques coupures battit en retraite, comme tous ceux qui tentaient de la contredire. Il ne le regretta point. Depuis 1957, sa maison a vendu plus de 6 millions d'exemplaires de *La Révolte d'Atlas*. Les presses n'arrêtent pas de tourner. Aux réunions des Tea Party ou autres manifestations conservatrices, on peut lire sur les pancartes : « Atlas hausse les épaules » ou bien « Ayn Rand a raison »[2] ou encore « Sarah Palin, c'est John Galt au féminin ».

Le succès d'Ayn Rand expliqué

Son succès universitaire (même financé) peut étonner, surtout dans le domaine de la philosophie politique où les femmes sont peu représentées, sinon inexistantes, au panthéon des penseurs des deux disciplines. Qui plus est, sa pensée philosophique reprend des thèmes bien clas-

1. Murray N. Rothbard, *The Sociology of the Ayn Rand Cult*, *op. cit.*
2. http://www.nytimes.com/2009/11/01/books/review/Kirsch-t.html.

siques, accents nietzschéens en sus : « Ma philosophie, par essence, dit-elle, est le concept de l'homme en tant qu'être héroïque, avec son propre bonheur comme objectif moral de sa vie, avec l'accomplissement productif comme sa plus noble activité, et la raison son seul absolu. » Tout y est : la vertu de l'égoïsme, la morale du surhomme et le bien-fondé du laissez-faire qui ont été développés respectivement par Aristote, Nietzsche, Hobbes ou Adam Smith pour ne citer qu'eux.

Rien de vraiment original non plus dans sa méthode : sa pensée repose sur ce qu'elle estime constituer des évidences rationnelles. Elle l'appellera « objectivisme », un nom parmi les noms que ses prédécesseurs choisirent pour désigner leurs « évidences » respectives. Ses postulats sont secs et sans bavures : la réalité existe indépendamment de celui qui l'observe ; les individus sont en contact avec cette réalité à travers la perception, laquelle forme des concepts suivant un processus logique (inductif et déductif) ; l'intention morale de l'existence est la poursuite du bonheur ou de « l'intérêt personnel rationnel » ; le seul système social compatible avec cet objectif moral est le laissez-faire capitaliste ; le rôle de l'art est de transformer une idée métaphysique en reproduction sélective de la réalité, dans une forme physique qui puisse être comprise et générer une réponse émotionnelle[1].

Ayn Rand ne les remettra jamais en question, ce qui n'a rien d'étonnant chez les philosophes. Nietzsche excepté, ils ont tous cru qu'ils fondaient leurs philosophies sur des postulats rationnels indiscutables, les prolégomènes à toutes politiques futures.

On pourrait penser que son succès fut circonstanciel, ce

1. En 1959, Ayn Rand donna une interview que l'on peut visionner sur YouTube ; http://www.youtube.com/watch?v=7ukJiBZ8_4k.

qui n'est pas faux. La guerre froide fut chaude sur le front de la propagande sous toutes ses formes. En 1954, une adaptation en dessin animé du roman de George Orwell – *La Ferme des animaux* – illustra, au profit des jeunes générations, les méfaits du communisme. Ayn Rand continua l'éducation des jeunes adultes et moins jeunes avec ses romans et les films qui en furent tirés et donna au capitalisme un anoblissement philosophique. Le discours qu'elle prononça à West Point en 1974 est une investiture : « Je peux dire – et il ne s'agit pas d'une banalité patriotique, mais avec une connaissance complète des racines métaphysiques, épistémologiques, morales, politiques et esthétiques nécessaires – que les États-Unis d'Amérique sont le pays le plus grand, le plus noble et, dans ses principes, le seul moral de l'histoire du monde[1]. » Quel pays peut résister à une telle consécration ? Quels entrepreneurs et grands banquiers pouvaient ne pas être flattés lorsqu'ils se faisaient dire et redire par Ayn Rand qu'ils avaient un destin hors du commun et étaient les uniques créateurs de la richesse du pays ? Nous les retrouverons plus tard.

De plus, en reprenant le thème classique de l'égoïsme humain sous le nom d'individualisme à dessein hédonique, Ayn Rand touche une corde particulièrement sensible de la psyché d'un pays qui doit sa richesse à l'esprit d'entreprise d'individus dont certains sont arrivés pauvres sur ses rivages et qui doivent tout à eux-mêmes. C'est un individualisme de pionnier, différent de l'individualisme français bien intégré, qui est davantage un individualisme d'opinions. « Le concept d'autonomie, nous dit avec juste

1. Ayn Rand, *Philosophy : Who Needs it ?*, discours adressé à la Graduating Class de l'Académie militaire de West Point, New York, 6 mars 1974 ; http://fare.tunes.org/liberty/library/pwni.html.

raison le sociologue Alain Ehrenberg, unit les Américains et divise les Français[1]. »

Encore une fois, Ayn Rand va transformer un trait culturel en nécessité de la Raison. Pour Karl Marx, l'individu n'est rien. Pour Ayn Rand, il est tout… Pour elle, les droits de l'homme se résument au droit pour un individu d'utiliser sa raison, à l'exclusion de toute coercition, pour mener sa propre vie. Raison et liberté vont de pair. Aucun homme ne peut obtenir les valeurs des autres par le recours à la force physique, et aucun homme ne peut initier le recours à la force physique contre les autres. Les hommes devraient se traiter entre eux non comme des victimes et des bourreaux, ni comme des maîtres et des esclaves, mais comme des commerçants, par des échanges volontaires à l'avantage mutuel.

« C'est la prémisse au laissez-faire, explique Damien Theillier, qu'elle encourage d'une manière on ne peut plus classique. Sur un marché libre, aucun individu, aucun groupe privé ne dispose du pouvoir d'imposer à d'autres individus ou groupes d'individus d'agir contre leurs propres choix. Les individus commercialisent leurs biens et services selon leurs avantages mutuels, selon leur propre jugement exercé sans contrainte. On ne peut s'enrichir qu'en proposant des biens ou des services d'une plus grande valeur ou à prix moindre que ce que les autres sont capables d'offrir[2]. » Le « capitalisme de laissez-faire » est donc le seul système politico-économique compatible avec ces principes.

1. Auteur de *La Société du malaise*, Paris, Odile Jacob, 2010. Cette citation est tirée d'une interview à *Libération* ; http://www.liberation.fr/livres/1201247-livres-la-societe-du-malaise.

2. Damien Theillier, « Sortie de *La Grève* en France. Qui est Ayn Rand ? », *Le Québécois libre*, 11 septembre 2011 ; http://www.quebecoislibre.org/11/110915-2.html.

Il s'agit d'un système dans lequel les gens travaillent pour eux-mêmes et ont le droit de penser et de vivre selon leur propre conscience. Le rôle du gouvernement est de protéger la propriété et les hommes de ceux qui initient la violence physique.

Le reste se déroule comme une pelote de fil : les partisans du capitalisme de laissez-faire sont par conséquent les seuls défenseurs des droits de l'homme. L'individu moral est celui qui utilise la propriété privée pour produire une richesse. Ce dernier point surtout ne peut que trouver un autre écho favorable aux États-Unis où Henry Ford, pour ne citer que le plus connu, a atteint le statut de héros dont l'influence ne peut être comparée en Europe qu'avec celui des rois ou généraux qui se distinguèrent sur les champs de bataille.

Tout cela est donc bien classique et ne suffit toujours pas à expliquer le succès et l'influence d'Ayn Rand.

C'est qu'elle a fait beaucoup plus. « Elle n'était certes pas très gentille, nous explique la vice-présidente d'une firme d'investissement, mais elle nous a fait le plus beau des cadeaux. »

Le plus beau des cadeaux

Elle a fait aux entrepreneurs-créateurs le plus beau cadeau que l'on puisse faire, selon Françoise Dolto, à un être humain : elle leur a donné des mots au moment où ils en avaient le plus besoin. Des mots pour enflammer leurs désirs, des mots pour leur donner la permission de les accomplir, des mots pour désigner un ennemi, des mots pour les autoriser à laisser libre cours à leurs ressentiments, le tout rédigé comme le script d'une pièce de théâtre bien montée. Quel cadeau ! Le Tea Party et les économistes du libre choix n'en finissent pas d'en développer l'emballage avec délices.

Des mots pour exalter : la création d'un mythe

Un autre secret bien gardé des philosophies politiques est l'importance des mythes fondateurs dont peu d'auteurs osent parler de peur de paraître légers, le reproche le plus craint dans la lourde profession. Et pourtant le philosophe le plus sérieux du *logos*, auteur de l'étouffante et combien pesante *République* – Platon –, répétait au cours de dialogues qu'il n'y avait pas de *logos* sans *mythos*, sans cet enracinement dans l'inconscient collectif de l'humanité qui fait de l'être humain *l'animal politique* dont son disciple dissident, Aristote, va faire la destinée. Plus prosaïquement, nous dirons que les civilisations, cultures, pays, groupes s'agglutinent autour de l'histoire mystifiée qu'ils se racontent à eux-mêmes sur leurs origines, âges d'or et évolution. Et, dans cette histoire, on retrouve, comme dans les histoires qu'on raconte aux enfants, des héros, des « chevaliers sans peur et sans reproche », des ennemis ou des traîtres, et cette réconciliation avec les dieux en colère qu'on appelle la paix. Si les archétypes ont leurs variantes culturelles, le scénario varie peu et se répète, nous dit Joseph Campbell, jusque dans les mythes modernes exprimés dans *La Guerre des étoiles* ou *Avatar*.

Le premier cadeau d'Ayn Rand fut donc de construire un mythe héroïque et terriblement simpliste, bref une idéologie dont le succès, explique Berlin, tient à sa simplicité et non pas à sa vérité. Plus une idéologie est élémentaire… plus elle attire les foules… Elle tient lieu de réflexion pour les masses sans culture. Le mythe qu'elle construit est fait pour le succès outre-Atlantique : il y a d'un côté les héros parés de toutes les vertus qu'ils ne doivent qu'à eux-mêmes, dans la tradition du self-made-man, et de l'autre les parasites vils et méprisables : les socialistes.

Le héros

Le héros, c'est le créateur de richesse, l'entrepreneur, et il est paré de toutes les qualités de l'Olympe. Il trouva son incarnation en un des mécènes d'Ayn Rand : Howard Hughes, millionnaire excentrique de la légende américaine qui aimait à répéter : « Je veux être le plus grand aviateur du monde, le plus grand producteur de cinéma du monde, l'homme le plus riche du monde… » Le ton est lancé.

À son instar, les héros selon elle sont solitaires, déterminés, supérieurement intelligents, ne se laissant jamais aller aux émotions (au point de paraître froids) et presque toujours beaux. Ils sont grands, forts, se tenant très droits, avec des yeux gris qui reflètent leur calme intérieur. Lorsqu'il s'agit de ses hommes-héros, on n'est jamais très loin avec Ayn Rand de la midinette mais il ne faut pas la réduire pour autant à cette dimension. Sans pour autant d'ailleurs pousser trop la comparaison avec le surhomme nietzschéen[1].

1. Lester H. Hunt, « Thus Spoke Howard Roark. The Transformation of Nietzschean Ideas », in *The Fountainhead* ; http://philosophy.wisc.edu/hunt/nietzsche&fountainhead.htm.

Zarathoustra seul sur sa montagne n'a pas à vrai dire de message politique, ce qui n'est certainement pas le cas du héros randien qui ne parle que de ça.

Car, page après page, Ayn Rand donne donc à ses héros une permission politique qui leur octroie un droit transcendant et séparé qui caractérise les monarchies dites absolues (au sens de séparées). Le héros, le créateur-entrepreneur, ne doit rien à personne, il est le souverain auquel on doit tout parce qu'on lui doit tout.

Ses héros, l'architecte Howard Roark de *La Source vive* (*The Fountainhead*) ou John Galt de *La Révolte d'Atlas*, soliloquent au fil des pages, exaltant l'égoïsme du créateur qui ne sert personne et ne vit que pour lui-même. C'est uniquement en vivant pour soi que l'homme est capable de réaliser une œuvre qui est à l'honneur de l'humanité. Le créateur n'a besoin ni des autres, ni de Dieu, ni de la nature.

Le héros randien est hors morale. « Howard Roark s'enflamme, ponctuant ses déclarations du leitmotiv “Je tiens à déclarer”. Il clame son indépendance et répète qu'il n'est pas un homme qui existe en fonction des autres dans une société d'esclaves ; ce qui lui permet d'ajouter qu'il ne reconnaît envers les hommes aucune obligation autre que celle de respecter leur indépendance, comme il exige qu'ils respectent la sienne. “Je n'ai besoin ni de justification ni de sanction pour être ce que je suis, dit-il. Je suis ma propre justification et ma propre sanction.”[1]. »

Ayn Rand va, dans sa jeunesse, jusqu'à déclarer héroïque William Hickman, condamné pour être allé jusqu'au bout de ses passions en violant, tuant et démembrant une fillette de 12 ans. Elle vit dans son procès la mise en accusation de

1. *Anthem*, part. 11, p. 1. En ligne : http://www.pagebypagebooks.com/Ayn_Rand/Anthem/.

l'homme seul par une société servile, d'un héros solitaire. S'inspirant du fait divers, elle commença à écrire un roman où le héros est inspiré par Hickman[1]. Elle ne le publia pas mais ses notes viennent de l'être : « Son procès, y écrit-elle, est l'image extraordinaire d'un homme, seul avec sa conscience, qui ne respecte rien de ce que la société tient pour sacré. Un homme qui est seul face à ses actions… Un homme fort qui tient sous ses pieds la société. Il n'était pas assez fort. Mais est-ce un crime ? Il n'était pas capable de servir parce qu'il pouvait dominer… Il était supérieur et voulait le prouver… et c'est ce que la société ne lui permettait pas de faire[2]. »

Ses admirateurs, et notamment Chris Matthew Sciabarra dans le livre qu'il lui a consacré, ne voient là que l'expression d'une admiration de jeune fille pour le surhomme solitaire au sens que voudrait lui donner Nietzsche, ce qui est avoir mal lu l'auteur de *Ainsi parlait Zarathoustra*.

Cette anecdote est néanmoins symptomatique de ce que fera Ayn Rand toute sa vie : donner bonne conscience à des héros avides de puissance et les libérer de toute responsabilité. Elle y parvient en faisant de l'ambition sans limites une force morale, de l'argent la seule des vertus et de l'empathie la source de tous les vices.

Des mots pour donner bonne conscience

À l'époque où Ayn Rand publiait, une légère odeur de soufre planait encore sur l'argent, que l'on affichait certes,

1. David Harriman (éd.), *Journals of Ayn Rand*, New York (NY), Dutton, 1997, p. 27.

2. Michael Prescott, « Romancing the Stone-Cold Killer. Ayn Rand and William Hickman » ; http://michaelprescott.net/hickman.htm.

mais avec une certaine réserve une fois passée l'étape du nouveau riche. Nous verrons par la suite que Rockefeller et Ford achetèrent ces indulgences qu'on appelle fondations. C'était l'époque où l'on se moquait de l'oncle Picsou de Walt Disney qui se vautrait pour le plaisir dans des montagnes de pièces d'or. Ce qui n'était pas du goût de la philosophe pour qui l'humour est avant tout destructeur. « Il est monstrueux, dit-elle, de rire de ce qui est bien, de rire des héros ou des valeurs, et par-dessus tout de rire de soi-même. » C'est, disait-elle, « une négation de l'importance métaphysique de la chose dont on rit[1] ». Les idéologues extrêmes ou les paranoïdes (le « ou » n'est pas exclusif) n'ont aucun humour lorsqu'il s'agit de leurs idées. On peut les reconnaître sans faille à ce trait de caractère.

Rand va donc libérer les magnats des railleries qui les blessent en leur disant de ne plus jamais tolérer de critique : « Évitez comme la peste quiconque vous dit que l'argent est le Mal. Cette phrase est la clochette qu'agitent les lépreux qui se préparent à vous voler[2]. » Elle enlève surtout toute ombre d'hésitation en faisant de l'argent le seul référent universel conforme à la raison et donc moral. « Pensez-vous vraiment que l'argent soit la source du mal ? s'exclame-t-elle. L'argent est un outil d'échange, qui ne peut exister que parce qu'il y a des produits et des hommes capables de les produire. L'argent est la forme matérielle du désir d'échange des hommes... L'argent n'est pas fait

1. Ayn Rand lors d'une conférence, *in* The Philosophy of Objectivism, lecture series, Lecture 11 ; http://aynrandlexicon.com/lexicon/humor.html.

2. Le discours de Francisco Money, in *La Révolte d'Atlas*, *op. cit.* Les citations les plus intéressantes sont reproduites (exclusivement) dans *Capitalisme Magazine* ; http://capitalismmagazine.com/2002/08/franciscos-money-speech/.

pour les mendiants qui veulent s'approprier les produits en faisant pitié, ni pour les pilleurs qui veulent les prendre par la force. L'argent est rendu possible parce qu'il y a des hommes qui produisent. Et vous pensez vraiment que c'est le mal[1] ? »

L'argent n'est pas seulement un outil incontournable, la richesse est l'aune à laquelle se mesure la valeur de l'entrepreneur. Elle le répète sans arrêt : « L'argent est le baromètre des vertus d'une société », celui qui mesure la rationalité. Elle appliquera cette jauge à l'international pour évaluer les pays.

Le héros de *La Révolte d'Atlas*, John Galt, tel un prophète inspiré, « leva la main et, dans l'air, au-dessus d'une terre dévastée, il traça le signe du dollar ». Il fait l'éloge de la richesse en des termes qui fait ressembler le slogan de Gordon Gekko « L'avidité est morale » à un prêche du Sermon sur la Montagne. On rappellera que Gordon Gekko est le héros interprété par Michael Douglas dans le film *Wall Street* de 1987 et dans celui de 2010 *Wall Street. Money Never Sleeps* (*L'argent ne dort jamais*). Si, dans ces films, le slogan est dépeint sous son aspect le plus noirci, il faut savoir qu'il est pris au sérieux par les disciples randiens, dont Paul Zane Pilzer qui a publié *God wants you to be Rich* (*Dieu veut que vous soyez riche*), par les prêtres de certaines Églises qui y ajoutent une touche mystique et surtout par des milliers de jeunes entrepreneurs dont on retrouve les blogs sur la toile, tel celui-ci : « Le problème n'est pas que nous soyons trop avides ; le problème est que nous ne le sommes pas assez. C'est vrai il y a les escrocs

1. « Egalitarianism and Inflation », *Philosophy: Who Needs it ?*, *op. cit.* ; http://olearyweb.com/classes/philosophyS2/readings/misc/PhilosophyWhoNeedsIt.pdf.

occasionnels comme les Bernie Madoff… qui se noient dans les excès et feraient n'importe quoi pour atteindre leurs buts, mais ce n'est pas ce que la plupart d'entre nous voulons faire. Notre problème est qu'afin d'atteindre nos buts, nous ne voulons pas avec assez d'intensité et nous ne sommes pas assez voraces[1]… »

L'avidité absolue génératrice de richesse pour tous sera reprise, comme nous le verrons, par la théorie économique de la « retombée ». Les fortunes colossales ainsi créées produiraient ce faisant de l'emploi sous forme de services aux riches, de consommation ou de création d'entreprises. Être égoïste en ce sens c'est être utile et donc altruiste. C'est ainsi qu'il faut lire le « Nous sommes le 1 % » inscrit sur une banderole par les courtiers de Wall Street en réponse aux manifestations d'octobre 2011. Encore du pur Ayn Rand qui nous aide à traduire le message : « Nous sommes le 1 %, qui tirons toute l'économie. Vous vivez grâce à nous. Nous méritons l'argent que nous gagnons. »

Des mots pour tout permettre

Car un message subliminal est inscrit sur cette banderole : « Nous ne vous devons rien et nous ne donnerons rien aux mendiants que vous êtes. » Ayn Rand donna la permission, jamais exprimée en politique, de se débarrasser de toute responsabilité sociale. C'est tout le thème de son livre : *Atlas se révolte... enfin*. Il n'en peut plus, dit-elle. « Si vous pouviez voir Atlas. Ce géant qui porte le monde

1. http://moneywatch.bnet.com/career-advice/blog/other-8-hours/greed-is-good-why-you-need-to-tap-into-your-inner-gordon-gekko/1183/#ixzz1ZvH1Wn9G.

sur ses épaules, si vous pouviez le voir debout, le sang coulant sur sa poitrine, ses genoux fléchissant, essayant quand même de tenir le monde avec ses dernières forces. Plus grand est son effort, plus lourd est son fardeau. Que lui diriez-vous[1] ? »

La réponse est dans le livre où deux camps s'affrontent : celui des esprits honnêtes (scientifiques, entrepreneurs, travailleurs) et celui de ceux qui essaient de les soumettre à leurs décisions ou de vivre à leurs dépens. Le héros-entrepreneur, John Galt, organise la fuite des cerveaux vers un lieu secret où ils n'auront plus à porter le monde : c'est la grève de l'intelligence.

Les parasites

Nous l'avons dit, Ayn Rand ne fait pas dans la nuance. Si on n'est pas entrepreneur, on est un faible, un dépendant qui risque de mourir s'il n'est plus soutenu par le travail du créateur, bref un parasite. Il va essayer d'assurer sa survie (et donc d'asservir le créateur) par l'appel à la pitié et l'intermédiaire de règlements et législations, lesquels forment et nourrissent une couche de « vermine » encore plus méprisable : les politiciens défenseurs du bien commun et les bureaucrates.

Puisque sans nuance, elle ne sait pas trop quoi faire des enfants dont la dépendance ne peut être remise en question et des ouvriers dont le travail soutient l'effort d'entreprise. Elle résout le problème en oblitérant l'enfant. « À cet égard,

1. *La Révolte d'Atlas, op. cit.*, chap. 9.

comme le fit remarquer fort judicieusement François Flahaut, il est symptomatique que dans les deux grands best-sellers d'Ayn Rand, pourtant si volumineux, il n'y ait aucune place pour un personnage d'enfant. C'est que la seule existence des enfants, donc de la relation entre générations, aurait suffi à ruiner le modèle d'individu qu'elle exalte[1]. » Quant aux ouvriers, ils sont relégués aux rangs de primitifs, un autre de ces mots qu'elle affectionne. « Rand était totalement indifférente aux ouvriers qu'elle décrivait dans ses romans comme des sauvages primitifs pour reprendre les mots de Hank Raerden, ce géant de l'acier et probablement l'un des héros favoris d'Ayn Rand[2]. »

Ayn Rand a l'insulte facile et cinglante envers les sauvages et les parasites des États socialisants qui veulent s'en occuper et qu'elle harangue en ces termes, dans *La Révolte d'Atlas* : « Vous proposez d'établir un ordre social fondé sur le principe suivant : que vous êtes incapables de diriger votre vie personnelle, mais capables de diriger celle des autres ; que vous êtes inaptes à vivre librement, mais aptes à devenir des législateurs tout-puissants ; que vous êtes incapables de gagner votre vie en utilisant votre intelligence, mais capables de juger des hommes politiques et de les désigner à des postes où ils auront tout pouvoir sur des techniques dont vous ignorez tout, des sciences que vous n'avez jamais étudiées, des réalisations dont vous n'avez aucune idée, des industries gigantesques dans

1. François Flahault, « Ni dieu, ni maître, ni impôts », *Le Monde diplomatique*, août 2008 ; http://www.monde-diplomatique.fr/2008/08/FLAHAUT/16182.

2. http://www.csmonitor.com/Commentary/Opinion/2010/1014/How-is-elitist-Ayn-Rand-a-tea-party-hero-The-contradiction-should-concern-America/.

lesquelles, selon votre propre aveu, vous seriez incapables d'exercer les fonctions les plus modestes. »

C'est la force d'Ayn Rand. Elle a, sans relâche, montré du doigt ces ennemis de la force de la nation. Elle a répété sans fin les mots « parasites », « pilleurs », « mendiants à la petite semaine », « poux », « imitation d'humains », « lie », « vermine » ou « zombies » pour décrire tous ceux qui ne créent pas la richesse, mais en vivent.

Ne nous y trompons pas. Ces mots ne sont pas une résurgence de sa culture russe dont on a apprécié le vocabulaire coloré dans les livres de la comtesse de Ségur. Rand va bien au-delà de l'insulte en laissant entendre que cette vermine mérite plus que le *knout* : elle mérite la mort. Rares sont les auteurs qui entendirent la haine implacable présente dans les écrits de Rand. Whittaker Chambers s'y essaya. « Dans presque chaque page de *La Révolte d'Atlas*, écrivit-il en 1957, on entend cette voix criant : "À la chambre à gaz – Go !"[1]. »

Et il est vrai, reconnaît un journaliste républicain, qu'Ayn Rand, dans la scène où des passagers sont prisonniers d'un train immobilisé dans un tunnel, semble prendre plaisir à décrire leur asphyxie comme si, ne partageant pas ses idées, ils méritaient leur sort. Elle susurre : « Il est dit que les catastrophes sont dues au pur hasard et certains diront que les passagers du *Comet* ne sont ni coupables ni responsables de ce qui leur arrive. » Puis elle lit froidement le chef d'accusation qui condamne les erreurs intellectuelles inexcusables des seize hommes et femmes prisonniers du train. « L'homme qui occupe le siège 5 du wagon numéro 7

1. Whittaker Chambers, *Big Sister is Watching you* ; http://www.orthodoxytoday.org/articles2/ChambersAynRand.php ; http://www.free-republic.com/focus/f-religion/2705853/posts.

était un ouvrier qui croyait qu'il avait "droit" à un emploi, que son employeur désire l'employer ou pas. La femme dans la cabine 6 du wagon numéro 8 était une conférencière qui croyait, en tant que cliente, qu'elle avait "un droit" au transport que le personnel du rail le désire ou non[1]. »

Whiteker fut accusé, par la presse bien-pensante qui se veut ouverte à toutes les idées, d'exagération sinon d'être lui-même en proie à la haine. Il reçut en outre une volée de bois vert de la part de la secte qui entourait Ayn Rand, laquelle abreuve d'insultes quiconque ose émettre la moindre réserve sur elle. Mais il inquiéta assez pour qu'Alan Greenspan écrive une lettre au *New York Times*, le 12 octobre 1957, pour lever ce qu'il pensait être un malentendu. Il n'y a pas haine, dit-il, mais destinée. « *La Révolte d'Atlas* est une célébration de la vie et du bonheur. La justice est implacable. Les créateurs et le but final sans détour qu'est la raison mènent à la joie et la réalisation de soi. Les parasites qui évitent de manière persistante ce but ou la raison périront comme il se doit. »

Autrement dit, Ayn Rand promeut un darwinisme social extrême dont on rappellera qu'il n'est pas nouveau. Comme Herbert Spencer[2], elle pense que toute protection artificielle des faibles est un handicap pour le groupe social auquel ils appartiennent, dans la mesure où cette protection a pour effet d'alourdir le fonctionnement du groupe et, donc, de

1. Ayn Rand, *La Révolte d'Atlas*, *op. cit.*, p. 566-568 ; http://aynrandcontrahumannature.blogspot.ca/2007/10/that-winston-tunnel-scene-in-full.html.

2. Herbert Spencer, *The Principles of Sociology* [1876-1896], 3 vol. ; *Principes de sociologie* [1878-1898], 5 vol. ; Herbert Spencer, *Autobiographie. Naissance de l'évolutionnisme libéral*, précédé de Patrick Tort, *Spencer et le Système des sciences*, Paris, PUF, 1987 ; Herbert Spencer, *Le Droit d'ignorer l'État* [1850], Paris, Les Belles Lettres, 1993.

le mettre en position d'infériorité face aux groupes sociaux rivaux.

Au nom de cette survie du groupe, elle propose l'élimination radicale de la presque totalité des fonctions de l'État. Elle lui déclare une guerre, une guerre du public contre le privé, une guerre civile d'un genre particulier et qui ne porte pas de nom.

L'État, c'est le mal !

Elle dit sans arrêt « l'État c'est le mal », employant le mot *evil*, si lourd de sens en anglais. Une variante est « l'État est le plus mortel ennemi des hommes ». Cela dit, elle n'est pas libertaire et n'aurait que faire des nouveaux anarchistes qui se cachent dans les montagnes du Montana, filmés par Michael Moore[1]. N'oublions pas l'éloge dont elle couvrit les États-Unis d'Amérique lors de son discours à West Point. Ce ne sont pas les États-Unis dont elle veut la disparition mais les États-Unis socialistes qu'ils sont devenus. Et pour elle la « différence entre l'État-providence et le totalitarisme n'étant qu'une question de temps », les États-Unis sont en passe de verser dans le clan ennemi.

En 1964, lors d'une interview donnée à *Playboy*, elle s'explique : « Ce que nous avons aujourd'hui n'est pas une société capitaliste, mais une économie mixte – c'est-à-dire un mélange de liberté et de contrôles, lesquels sont en train de tendre vers une dictature. Les événements dans *La*

1. Michael Moore, *Bowling for Columbine*, film documentaire de 2002.

Révolte d'Atlas se passent dans une société qui a atteint ce stade de dictature. Quand cela arrivera, si cela arrive, le temps sera venu de faire grève mais pas avant[1]. »

En 2010, les libertaires et les partisans du Tea Party, tous fervents randiens, ont décidé que ce temps était venu, d'où les pancartes agitées partout accusant le président Obama d'être un dictateur à la fois nazi et communiste. Ils attaquent ce qu'ils perçoivent être le péril communiste de l'État dans sous ses états. L'État régulateur, l'État taxateur, l'État propriétaire, l'État défenseur du droit universel et, bien sûr, l'État-providence.

Attaque principale : l'État régulateur, parce qu'il impose des limites inacceptables au créateur-entrepreneur. C'est le thème de *La Révolte d'Atlas* qui est le moteur de la révolte des riches et le filtre à travers lequel il faut comprendre les positions anti-environnementales des randiens. Rand notamment a eu le temps avant de mourir de s'en prendre aux défenseurs de l'écologie et de l'environnement qui demandaient à l'État d'assumer la responsabilité de l'exploitation de ses ressources. Elle y voit une manipulation des gouvernements, destinée à réduire les libertés et à verser dans l'émotion au détriment de la raison. Dans *Contre l'environnementalisme* (*Against Environementalism*), elle considère que l'écologie est un retour du religieux et de l'irrationnel, alors que seul le progrès technique peut améliorer la condition humaine. « Le smog urbain et les rivières polluées, écrit-elle, ne sont pas bons pour les hommes (quoiqu'ils ne soient pas aussi dangereux que les agitateurs de peur disent qu'ils le sont).

1. Extrait de « Ayn Rand interviewed by Alvin Toffler », *Playboy Magazine*, 1964 ; http://www.discoveraynrand.com/playboyinterview.html.

C'est un problème scientifique et technologique – pas un problème politique – et on le résoudra seulement grâce aux technologies. Et même si le smog était un risque pour la vie humaine, il faut toujours se rappeler que la vie à l'état de nature, sans les technologies, est une sentence de mort[1]. » C'est ainsi qu'il faut comprendre la colère de Sarah Palin lorsqu'on a voulu limiter et réglementer le forage pétrolier en zone côtière après le désastre provoqué en 2010 par l'explosion d'une plate-forme de forage exploitée par BP. Les applaudissements ont salué sa harangue sur le thème de *Drill Baby! Drill! Drill!* (Forer ! Encore forer ! Toujours forer !).

C'est ainsi qu'il faut comprendre l'indignation des marchands d'armes à feu lorsqu'on parle règlements pour en limiter les ventes. Persuadés que toute régulation d'État est un crime social, les porte-parole de la Rifle Association, le lobby des armuriers, viennent parler sur les campus au lendemain d'un massacre pour expliquer qu'il ne faut surtout pas de législation sur le port d'armes et qu'en fait la seule solution est dissuasive : armer les étudiants et les professeurs.

Attaque essentielle : l'État taxateur. L'autre pilier de la révolte d'Atlas est le refus de payer des impôts pour maintenir en vie les parasites en tout genre. Tout le discours de John Galt est en fait une pleurnicherie constante sur le mauvais traitement qu'une société « ingrate » lui inflige, qui ne comprend pas qu'elle lui doit tout et qu'en bridant sa créativité par des lois et des taxes, elle tue la poule aux œufs d'or. Comme nous le verrons, cette révolte a payé

1. Ayn Rand, « The New Left. The Anti-Industrial Revolution », *New American Library*, 1971, p. 282.

puisque grandes compagnies et entrepreneurs payent de moins en moins d'impôts, si ce n'est parfois pas du tout. Les impôts sont aussi la bête noire des membres du Tea Party qui s'imaginent avoir trouvé en Rand un support philosophique[1] qu'elle ne leur aurait sans doute pas accordé tant elle méprisait le peuple. Nous reviendrons longuement sur ce point dans la troisième partie.

Attaque de fond : l'État-providence. Non seulement il ne faut pas imposer les entrepreneurs qui créent la richesse, mais il faut surtout couper tous les programmes sociaux qui saignent l'État à mort.

Rand était farouchement opposée aux programmes qui, par le biais des impôts, offrent une aide aux pauvres et aux malades. Bien qu'ayant elle-même bénéficié de la Sécurité sociale américaine, elle a attaqué sans relâche Medicare ou autres organismes, considérés comme l'auge de choix de la « vermine » et des « parasites » qui finiront, comme tout parasite, par tuer leur hôte. L'individu est seul responsable de sa santé et a le devoir de s'assurer, comme bon lui semble, auprès de compagnies privées d'assurance, dirigées par des entrepreneurs, seuls dignes de respect. On comprendra mieux les images télévisées de citoyens américains, peu fortunés, qui, le visage déformé par la rage,

1. « S'il est vrai qu'Ayn Rand manifeste un grand dégoût envers l'État, les partisans du Tea Party voient à tort en elle une alliée. Leur admiration pour elle est remarquable lorsqu'il s'agit des taux d'imposition – qui sont au centre de leurs préoccupations et dont on rappelle qu'ils voulaient la baisse, sinon l'éradication. Ayn Rand ne pensait à exempter d'impôt que les grandes compagnies. Jamais elle ne s'est préoccupée des impôts payés par les Américains ordinaires », http://www.csmonitor.com/Commentary/Opinion/2010/1014/How-is-elitist-Ayn-Rand-a-tea-party-hero-The-contradiction-should-concern-America/.

s'attaquent aux récipiendaires de l'assurance-maladie dont ils bénéficient parfois eux-mêmes. Après cinquante ans de conditionnement idéologique intensif, ils les perçoivent comme des parasites dangereux qui détruisent la force vive des États-Unis, c'est-à-dire les héros-entrepreneurs (dont ceux qui dirigent les compagnies d'assurance santé), qu'il ne faut à aucun prix abattre et dont il serait suicidaire de réduire l'*impetus* avec des impôts. Le fait que la plupart d'entre eux bénéficient de ces programmes ne change rien à la volonté de vouloir assainir les États-Unis d'Amérique et de les débarrasser de leur « vermine ».

Attaque de ressentiment : l'État égalitaire. Ayn Rand s'en prend ensuite à tous les programmes cherchant à redresser les injustices et à promouvoir l'égalité, et dont elle a vu l'essor pendant les années soixante. Programmes pour les femmes parce qu'elles ne sont pas égales. Ayn Rand pense que les femmes et les hommes sont intellectuellement égaux, mais sous le couvert d'une science de sa création (la « psycho-épistémologie »), elle affirme que l'« essence de la féminité est la vénération – le désir d'admiration de l'homme », qu'une « femme idéale doit vénérer les hommes, et qu'un homme idéal est le plus haut symbole de l'humanité ».

Dans la même veine, Rand défendit le droit des entreprises de choisir leurs employés et de discriminer sur la base de l'orientation sexuelle ou de la race. Elle est restée opposée à toute intervention gouvernementale à ce sujet, estimant que le racisme n'est pas un problème légal mais un problème moral et ne peut être combattu que par des moyens privés, tels que le boycott économique ou l'ostracisme social. Car elle se disait non raciste. Dans ses articles « Racisme » et « Balkanisation globale », Rand estime certes que le « racisme est la forme la plus basse, la plus crûment primitive de collectivisme », mais elle s'opposera toujours à toute forme d'aide gouvernementale qui chercherait à réduire les inégalités.

C'est un des cadeaux d'Ayn Rand les plus appréciés dans la mesure où il autorise à donner libre cours à un profond ressentiment envers les programmes d'égalité et de tolérance du « politiquement correct ». Ressentiment d'autant plus fort qu'il s'est développé sur plusieurs décennies sans échappatoire, et surtout pas celle de la plaisanterie. Ces sentiments ne disparaissent pas le temps d'une génération ou deux. Ils s'enfouissent jusqu'à ce que les circonstances leur permettent de rejaillir. Crise économique ou guerre permettent à tous les sexismes, racismes, xénophobies de fleurir comme la flore du désert après un orage. Nous les retrouverons en fin de parcours : ils sont plus virulents que jamais.

Attaque des fondements : l'État fondateur du droit universel parce que les individus n'ont aucun droit sinon celui d'être libre de produire. Kant parle d'un droit fondé sur un altruisme pur dont il fait un sentiment moral universel, sentiment qu'elle rejette absolument : « Et quant à la version kantienne de la moralité, explique-t-elle, elle est appropriée pour le genre de zombies qui habiteraient un univers kantien : un univers d'altruisme abject. Pour Kant, une action n'est morale que si elle n'est pas désirée, mais accomplie par devoir pour le devoir sans bénéfice d'aucune sorte, matériel ou spirituel ; un bénéfice détruirait la valeur morale de l'action[1]. » C'est une hérésie pour Rand qui déclara donc que Kant était « l'homme le plus maléfique de l'histoire de l'humanité ».

1. http://aynrandlexicon.com/lexicon/kant,_immanuel.html.

Un parfait timing

Encore une fois, tout ce qui précède n'est pas nouveau si ce n'est cette virulence qui trouve d'ailleurs un écho, à propos du malheureux Kant, chez Bernard-Henry Lévy, lequel traita ce dernier de « fou furieux de la pensée, cet enragé du concept[1] ». Mais comme dans tout, le succès d'une pensée est affaire de timing, comme le savent les agents du marketing et les historiens qui se respectent. La philosophie de Rand est arrivée à point nommé pour donner une permission morale de liberté totale à tous les entrepreneurs de la mondialisation dont, dès les années soixante-dix, les yeux s'embuaient de rêves devant des champs de richesse jamais espérés et qui ne voulaient aucune entrave, fût-elle légale ou morale, et qui, surtout, n'avaient plus besoin de l'État dit nation.

Ce ne fut pas toujours le cas. Rappelons que l'État moderne et ses institutions furent une réponse de bonne gestion au défi présenté par la révolution industrielle, cet instant de l'histoire où le temps et l'espace changent. Les chemins de fer et les bateaux à vapeur modifient le temps, les usines et manufactures restructurent l'espace autour de milieux urbains, et de nouvelles classes se forment dans ces espaces, réordonnant la société humaine. L'État a, sur un territoire donné, offert à des entreprises nationales des infrastructures matérielles (routes, aéroports, villes, etc.), un encadrement des ressources humaines (éducation, soins, retraites) et des règlements nécessaires à la bonne tenue de tous les négoces et services ainsi rendus. La philosophie

1. *De la guerre en philosophie*, Paris, Grasset, 2010, p. 122.

politique offrit des concepts pour légitimer le nouveau contrat social et définir la souveraineté. Karl Marx donna une autre réponse sur ce que devraient être les termes de ce contrat d'État super-gestionnaire, mais le contrat *était*.

Dans la seconde moitié du XXe siècle, la révolution des transports de produits, de main-d'œuvre et d'information hors frontières change toutes les donnes, mettant à mal contrat social et souveraineté. Enlevons au territoire ses frontières, et la souveraineté du « navire de l'État » moderne, si l'on veut utiliser une métaphore chère à Machiavel, fuit de tous côtés. Le pouvoir souverain fuit par le toit puisqu'il doit maintenant obéir de plus en plus aux institutions internationales en place, qu'elles soient politiques ou financières. Son pont fuit dans la mesure où minorités et autres formes de communautés demandent davantage de pouvoir au détriment d'un droit collectif. Enfin le pouvoir souverain fuit à bâbord et tribord en passant dans les mains des entreprises multinationales et des syndicats du crime. Gardons Machiavel et sa métaphore des tempêtes envoyées par la *fortuna* (le hasard) et les ambitions d'autres empires, émergents ou anciens, davantage structurés autour d'un nationalisme, d'une religion ou du crime, et il deviendra quasiment impossible pour un capitaine de tenir la barre de ce navire qui fuit comme une passoire.

Nous voici donc dans les années soixante-dix et quatre-vingt ; la philosophie d'Ayn Rand répond point par point aux besoins de plus en plus pressants du formidable cartel d'affaires auquel la mondialisation promet des richesses jamais atteintes, pourvu qu'elles ne soient pas limitées par les lois et règlements d'un État, et qu'elles n'aient pas à être redistribuées, même sous la forme de main-d'œuvre, au sein de l'État dont on veut la disparition.

Ayn Rand fut importante sinon imposante et donna à

ces cartels une voix non négligeable, mais elle ne fut certainement pas la seule à vanter les mérites du laissez-faire extrême.

Pendant qu'elle multipliait ses interventions au grand jour, dans l'ombre des hauts murs couverts de lierre des plus grandes universités, une formidable idéologie se construisait…

DEUXIÈME PARTIE

Et la haine se glaça

Les idéologies, si elles ont des débuts passionnels qui agrippent la psyché humaine au ventre, avancent ensuite lentement, travaillant le terrain des institutions et regroupements, arrondissant les coins et se rationalisant au point que l'on finit par oublier la précarité de leurs postulats et la charge émotive qui les anime. C'est ce qui fait leur force : elles imposent petit à petit un vocabulaire à la fois métaphorique et rationnel qui maintient le discours politique dans un schéma de pensée dont l'évidence nous apparaît telle qu'on ne remet plus rien en question. L'idéologie dont Ayn Rand a dessiné les contours extrêmes et qui a submergé les États-Unis, sinon le monde, est devenue, selon la psychanalyste politique Elizabeth Young Bruehl, le proverbial « éléphant dans le couloir » si omniprésent qu'on ne le distingue plus ni par rapport à un extérieur dont il bloque la lumière ni dans sa totalité. Le succès d'une idéologie se mesure à la taille des éléphants.

La métaphore de l'éléphant dans le couloir s'applique à toutes les idéologies dont, avec le recul du temps et de l'espace, on finit par percevoir les tenants et aboutissants que les recherches académiques analysent plus avant. Cela nous rend arrogants dans la mesure où, forts de cette distance qui avive notre lucidité, nous nous persuadons que nous aurions fait preuve d'une perspicacité inhérente à notre personnalité supérieure et perçu sans défaillir tous les éléphants dans tous les couloirs du monde. Si nous avions été un jeune Allemand en 1939, nous n'aurions jamais signé dans l'enthousiasme le registre des jeunesses hitlériennes ; si nous avions été un intellectuel chinois nous n'aurions jamais cité *Le Petit Livre rouge* ; et nous nous identifions tous (ou presque) avec Winston Smith, le héros lucide et malheureux de *1984*, le chef-d'œuvre de George Orwell. Comme lui, nous n'aurions cédé que sous la torture physique, cet usage ultime du pouvoir. Nous manquons d'humilité.

Cela dit, la torture ou l'emprisonnement ne sont pas la condition *sine qua non* des idéologies fortes. Sa forme moins violente, normale dirions-nous, se nomme : *discours unique*, là où se trouve le pouvoir de nommer et d'organiser la réalité, là où, sous sa forme la plus extrême, une prison de mots (ou de chiffres) ne nous permet aucun contact avec l'extérieur parce que, précisément, l'éléphant emplit tout l'espace.

Et puisque nous parlons de discours unique, prenons un peu de temps pour repenser notre histoire. Rappelons qu'il n'y a pas si longtemps toute la pensée occidentale, fût-elle politique, morale ou scientifique, ne pouvait être formulée sans une référence à Dieu. Les structures sémantiques du Moyen Âge n'en permettaient pas même la possibilité : on ne pouvait être athée. Tout au plus pouvait-on être parjure, suppôt de Satan ou dissident, mais on ne sortait pas de la foi. L'organisation mentale et physique se faisait autour de Dieu, un souci que l'on retrouvait dans l'espace des grandes bibliothèques. En ce sens, la Révolution française se fit moins autour de l'échafaud, spectaculaire certes mais accessoire, qu'autour de la place de l'Encyclopédie dans les bibliothèques.

La nouvelle classification des savoirs refléta de nouveaux référents qui, parfois, masquaient une continuité. Si les livres de théologie n'occupaient plus le centre, les thèmes chrétiens d'universalité, de respect de l'individu, d'égalité, de libre choix et de fraternité revinrent sous une forme plus abstraite dans les traités de droit et les constitutions des États modernes. En 1989, un politicologue du nom de Glenn Tinder osa rappeler cette filiation dans un article célèbre intitulé : « Peut-on être bon sans Dieu[1] ? » Il reçut une volée de bois vert académique, sans précédent dans les annales de son éditeur *The Atlantic Magazine*. Pour les politologues, sociologues ou philosophes, produits des Lumières, il était devenu « évident » que le bien commun était le pur produit, impollué par la religion, de la raison, fût-elle transcendantale ou instrumentale.

Tout n'était pas de seconde main. Une nouvelle croyance était venue s'ajouter à la liste des postulats des Lumières : celle d'un progrès qui laissait entrevoir la possibilité d'un paradis terrestre, celui dont l'homme avait pourtant été primitivement chassé *ad vitam æternam*. Cela était révolutionnaire. À l'échelle des idéologies, l'idée est récente « et ne fait de sens que seulement depuis les trois derniers siècles environ », ce qui, précisons-nous, n'est pas très long à l'échelle des grandes idéologies. Elle a coïncidé, ajoute l'anthropologue Ronald Wright dans son remarquable ouvrage *Brève Histoire du progrès*, « avec la montée de la science et de l'industrie

1. Glenn Tinder, « Can we be good without God ? On the political meaning of Christianity », *Atlantic Magazine*, décembre 1989 ; http://www.theatlantic.com/magazine/archive/1989/12/can-we-be-good-without-god/6721/.

et le déclin correspondant des croyances traditionnelles[1] ». Pour faire bonne mesure, citons André Varagnac[2] qui aurait insisté sur l'importance de la construction des routes, élément essentiel de changement que l'on tend à sous-estimer au moment même où la construction de routes virtuelles change le *modus vivendi* humain. N'anticipons pas.

Retournons un court instant au temps où les sciences étaient perçues comme le moyen d'évoluer vers un progrès moral. Au début du XIXe siècle, on commençait à se persuader que la Civilisation était en marche vers cette paix perpétuelle entrevue par Kant et dont l'incontournable Victor Hugo se fit le chantre.

Temps futurs ! vision sublime !
Les peuples sont hors de l'abîme.
Le désert morne est traversé.
Après les sables, la pelouse ;
Et la terre est comme une épouse,
Et l'homme est comme un fiancé !

Si l'on veut continuer dans la lignée des métaphores un peu ampoulées de notre grand poète, nous dirions que, l'amour étant aveugle et le mariage aidant, la foi dans le progrès s'est vite transformée, selon Ronald Wright, en une religion séculaire que nous ne remettons jamais en question. En ce sens, démontre-t-il, le progrès est devenu « un mythe au sens anthropologique du terme ».

1. Ronald Wright, *Brève Histoire du progrès*, Montréal, Hurtubise, 2007 (traduit de l'anglais *A Short History of Progress*, Toronto, House of Anansi Press, 2004).

2. André Varagnac, *Civilisation traditionnelle et Genres de vie*, Paris, Albin Michel, 1948.

Jusqu'à la Seconde Guerre mondiale, certains espérèrent que le progrès moral continuerait à aller de paire avec les progrès scientifiques. Les bombes atomiques lancées sur Hiroshima et Nagasaki obligèrent à quelques questions et marquèrent un temps de pause. Robert Oppenheimer, un des pères de la bombe, rappela que le progrès de l'humanité n'avait rien d'inéluctable et passait par des décisions politiques dont celle de bâtir ou non un arsenal nucléaire. On discuta sur les campus, on prit quelques décisions politiques, des penseurs comme Jean-Jacques Salomon continuèrent la réflexion, puis on retourna vite aux paradis promis par le progrès en marche et ce d'autant que, la guerre aidant, il y eut une explosion de découvertes scientifiques et techniques dont les applications permettaient tous les rêves.

La distinction entre la fin (la civilisation morale) et les moyens (la science et les techniques) se brouilla en quelques décennies. Dès la fin des années soixante, le progrès des pays se mesura uniquement à l'aune de leur maîtrise des sciences et de leur accès aux techniques. Une « évidence » pour Ayn Rand qui l'exprima on ne peut plus clairement lors d'une interview accordée à Phil Donahue en 1979 ; elle déclara sans ambages qu'Israël devait faire face à un groupe « de sauvages totalement primitifs qui n'ont pas changé depuis des siècles, sont racistes et pleins de ressentiment envers Israël parce qu'il a développé son industrie, son intelligence et des technologies modernes[1] ».

S'ajouta très vite à la liste des progrès techniques l'accession aux biens matériels. On a fini par accepter, continue Ronald Wright, que le progrès est maintenant synonyme de progrès matériel. Les peuples civilisés, pensons-nous,

1. http://www.libertarianrepublican.net/2009/11/ayn-rand-muslim-middle-easterners.html.

non seulement sentent moins mauvais mais se conduisent mieux que les barbares et les sauvages. De là à dire que le progrès moral ne se mesurera plus qu'à l'aune du PNB, il n'y a qu'un pas, vite franchi par quelques penseurs dont Ayn Rand et ses disciples, grandement aidés en cela par une formidable machine à produire du discours, décrite par Lewis Lapham comme « le mécanisme non institutionnel le plus puissant jamais mis en place dans une démocratie, dans le seul but de promouvoir un système de croyances[1] ».

Les tentacules de la rage

Lapham, intellectuel américain remarquablement cultivé, introduit dans les cercles les plus fermés de la vie politique et alors rédacteur en chef d'*Harper's Magazine*, ne prône ni la naïveté politique ni la paranoïa. C'est en toute candeur qu'il avoua ne pas avoir compris lui-même l'étendue de ce « réseau de propagande » qui a infiltré tous les milieux de pensée des États-Unis. Dans son célèbre article, il compare ce réseau à une pieuvre silencieuse étendant lentement ses tentacules, empruntant pour le titre de son article (« Les tentacules de la rage ») la métaphore de « la pieuvre » dont on sait qu'elle est associée à la mafia, mais aussi qu'elle fut le surnom de la Standard Oil qui contrôla 90 % du pétrole américain.

L'innocence avouée de Lewis Lapham est pardonnable

1. Lewis H. Lapham, « Tentacles of Rage. The Republican propaganda mill, a brief history », art. cité ; http://www.mindfully.org/Reform/2004/Republican-Propaganda1sep04.htm.

car, dans le monde académique et new-yorkais où il évoluait, personne ne s'était intéressé aux financements de la vie universitaire, sujet jugé indigne des grands esprits. Qui plus est, le monde universitaire de l'après-Vietnam était persuadé que les libertés acquises le seraient à jamais. Sur les campus, on croyait à la marche d'un progrès politique, à la conscientisation, à l'égalité à venir et à l'intervention des gouvernements sous la forme de politiques nationales et étrangères éclairées. L'idéologie qu'en France nous appellerions « de gauche » était dominante au point que le critique littéraire Lionel Trilling et John Kenneth Galbraith ont expliqué tous les deux qu'elle avait atteint le point dangereux de l'arrogance. « Toute idée conservatrice, dit Galbraith, était perçue comme une espèce d'irritant qui ne méritait pas le nom d'idée. »

Les propos tenus par le républicain ultraconservateur Barry Goldwater, dont le discours électoral de 1964 faisait d'Ayn Rand un modèle de modération, étaient entendus comme autant de barrissements poussés par des dinosaures en voie d'extinction. La page était tournée : il était fini, pensait-on, le temps où le financier Jay Gould, le magnat du chemin de fer Cornelius Vanderbilt ou le roi du pétrole John D. Rockefeller contrôlaient comme autant de royaumes l'industrie américaine.

On pensait vraiment qu'elle était bien finie cette époque où, observe Robert Reich[1], ancien conseiller de Bill Clinton et professeur à Berkeley, l'écart entre les riches et les pauvres était un gouffre, où les taudis se multipliaient, où les enfants travaillaient dans des usines malsaines, ce temps où les femmes ne pouvaient voter et où les Noirs étaient

1. Robert Reich, *Aftershock. The Next Economy and America's Future*, New York (NY), Knopf, 2010.

pendus aux branches d'arbres ; fini le temps, pensait-on, où les hommes d'affaires et/ou les criminels déposaient des liasses de billets sur le bureau des législateurs et des politiques qui les empochaient sans sourciller.

De plus, la subtilité du processus que nous présente Lewis Lapham ne permettait pas de décoder ce réseau de propagande souterrain ; tout intellectuel américain qui se respecte craint de verser dans la paranoïa du complot, déjà trop présente aux États-Unis. On prit donc pour un acte isolé, ou du moins restreint à quelques Représentants grommelant de la vieille garde, le manifeste rédigé par Lewis Powell, homme de loi sur le point d'être nommé juge à la Cour suprême. Ce texte, que la Chambre de commerce américaine fit circuler confidentiellement au mois d'août 1971, avait pour titre « Le système américain de libre entreprise est attaqué ! ». Du pur Ayn Rand. Le reste est de la haute gestion. Cet avocat était l'un des phares du monde des affaires, faisait figure de prophète dans le monde législatif. Ses mots et ses mises en garde, explique Lapham, s'emparèrent avec « la force de textes sacrés » de tous ceux qui regrettaient le temps de l'hégémonie industrielle. Il proposait ce qu'Ayn Rand ne fit jamais : tout un programme appelant, en des termes précis, à une planification à long terme et à la mise en place de réseaux financiers et politiques.

Revenons aux milieux intellectuels, et plus précisément à ceux censés penser le politique. La plupart avaient abandonné l'effort de synthèse nécessaire au champ de la *real politik* pour un relativisme éclaté du postmodernisme. Les grandes questions politiques avaient disparu sous une avalanche de petites préoccupations offrant l'avantage non négligeable pour les aspirants au doctorat de se tailler un micro-champ de recherche. Hélas, s'exclame Susan George, professeure activiste désillusionnée, ceux qu'on appelait les politologues progressistes ne savaient pas faire « la différence entre un projet hégémonique et un hérisson ». Elle pleura sur ces intellectuels qui se prirent pour des anges mais qui ne s'impliquèrent pas pour défendre les valeurs auxquelles ils disaient croire[1]. Ceux qu'elle appelle les « anges » préférèrent dépenser leur énergie à des programmes tournés vers les pauvres et les désavantagés, ce qui était fort louable certes mais les éloignait de l'étude du pouvoir et des législations complexes et très importantes qui se mettaient en place un peu partout.

Lewis Lapham sera encore plus dur : « Dans les salons new-yorkais tenus par l'élite bien-pensante du monde des médias, on se reposait sur ses lauriers, épousant de nobles causes (les Amis de la terre ou le dalaï-lama) ou manifestant de belles émotions (indignation au nom du massacre des bébés phoques). » On versa dans le *chic radical* (l'équivalent de la gauche caviar) auquel, il faut le dire, Lewis Lapham lui-même n'a pas toujours été insensible.

Néanmoins sa rencontre avec Rob Stein le réveilla de la somnolence induite par la multiplicité des discours chatoyants. Alors président du Democratic National Committee, ce dernier lui révéla la nature et surtout l'ampleur du programme de rééducation universitaire entrepris par des millionnaires ultraconservateurs dûment motivés par le mémo de Lewis Powell. Ces derniers formaient un groupe dont le but avoué était de sauver le pays de « l'emprise immonde du libéralisme satanique[2] ».

1. Susan George, *Winning the War of Ideas*, Transnational Institute, juillet 1997 ; http://www.tni.org/archives/archives_george_dissent.

2. Le libéralisme américain se rapproche de ce que nous appelons la gauche. Paul Starr, sociologue à l'université de Princeton, décrit la

On avait peu parlé en tribune. On n'avait pas installé de lobbies officiels. Il n'y eut pas à proprement parler de conspiration structurée. « Stein ne mentionna jamais un cerveau ni même le mot "conspiration" », dit encore Lapham. Mais l'impact de ce réseau est indéniable, révélé dans les faits rassemblés méthodiquement par ce dernier et qu'il présenta devant un petit groupe de militants démocrates. Il leur soumit trente-huit diagrammes de la structure organisationnelle de la « machine à message » républicaine, financée par les plus grandes entreprises. Ayant passé plusieurs mois à réunir ces documents, il les laissa parler d'eux-mêmes, présentant l'une après l'autre les quelque cinquante fondations qui, réunies autour de la haine de l'ennemi libéral « satanique », avaient, sur une période de trente ans, distribué plus de trois milliards de dollars au monde intellectuel.

Arrêtons-nous ici un instant. On ne peut pas comprendre la vie politique américaine sans étudier le rôle essentiel des lobbies, que nous verrons plus loin, et de ces fondations dispensatrices de sommes souvent colossales pour des causes éducatives, artistiques ou charitables. Pour ceux qui les ont étudiées, comme David Horowitz et David Kolodney pour

---

doctrine en ces termes : « Le libéralisme fait le pari qu'un État peut être fort tout en ayant des limites, fort à cause de ces limites [...] Le droit à l'éducation et à tout ce qui est nécessaire au développement de la personne humaine et à sa sécurité a pour objectif de promouvoir des chances égales pour tous et la dignité de chacun tout en favorisant l'existence d'une société créatrice et productive. Pour garantir ces droits, les libéraux préconisent une plus grande intervention sociale et économique de l'État, contrebalancée par le renforcement des droits civiques et un système de contre-pouvoirs sociaux qui s'appuie sur une presse totalement libre et une société plurielle. »

ne citer qu'eux[1], elles sont le système nerveux d'un pouvoir immense qui a défini non seulement la société américaine mais, au XXe siècle, ses relations avec le reste du monde. En d'autres termes, nous avons affaire ici à des formes de pouvoir non élu, structurées, fonctionnant à l'intérieur, sinon en lieu et place, du gouvernement.

Que sont les fondations ? Selon l'Encyclopédie canadienne[2], il s'agit d'organisations non gouvernementales et sans but lucratif (exemptées d'impôts) « disposant de fonds (provenant habituellement d'une source unique, que ce soit un particulier, une famille ou une société), et dont les programmes sont gérés par leurs propres administrateurs. Leur objectif est de maintenir ou d'appuyer des activités sociales, éducatives, charitables, religieuses ou autres, qui servent le bien commun grâce à des subventions. »

Ce qui les rend bien particulières aux États-Unis c'est qu'elles disposent de fortunes comparables parfois au trésor de petits États. En 1969, lorsque la pieuvre dont nous parle Lapham commence à étendre ses tentacules, « le revenu des 596 fondations exemptées d'impôts est plus de deux fois supérieur au revenu net des 50 plus grandes banques commerciales des États-Unis. Le revenu de la seule Fondation Ford était supérieur à celui de la plus grande banque dans le monde. Créée par Henry Ford, fondateur de la Ford Motor Company, elle était et reste l'Everest des fondations, dépassant de quatre fois la Fondation Rockefeller, deuxième

1. David Horowitz et David Kolodney, « The Foundations. Charity begins at home », *Ramparts*, vol. 7, n° 11, avril 1969, p. 38-48 ; http://peoplesgeography.com/2008/12/11/from-the-vaults-i-the-foundations-part/.

2. Voir http://www.thecanadianencyclopedia.com/articles/fr/fondations-canadiennes.

en titre, avec un fonds de réserve dépassant le PNB de Cuba. Rien qu'en 1956, la Fondation Ford avait distribué 500 millions de dollars. Sa rivale, qui avait modestement commencé avec 34,4 millions de dollars en 1913, avait accumulé sur un demi-siècle 876,2 millions – dont les trois quarts en valeurs financières et plus-values sur le capital[1]. »

Ce sont ces fondations qui ont fait la force et le rayonnement de l'Amérique, offrant des postes à Einstein et à des milliers de scientifiques de haut calibre, ouvrant des musées à leur nom (tel le Guggenheim), dotant des orchestres symphoniques, dispensant les fonds nécessaires aux universités pour des recherches qui ont marqué le monde. Si on veut avoir une idée de l'importance de ces donations sur le rayonnement intellectuel des États-Unis, on peut lire le très intéressant ouvrage que Sylvia Nasar[2] consacra à John Nash. La première partie de son livre décrit avec précision la structure mise en place pour faire venir d'Europe ses plus grands cerveaux, dont bien sûr Einstein.

La plupart du temps, la naissance de ces fondations n'a pas eu grand-chose à voir avec l'amour des arts, de la science, des lettres ou d'autrui. Au début du siècle dernier le nom de John D. Rockefeller Sr était même le plus abhorré de la vie américaine, car associé à la rapacité, la cruauté, l'hypocrisie et la corruption. Le sénateur La Folette l'appelait « le plus grand criminel de l'époque », et les procureurs généraux de plusieurs États américains réclamaient son emprisonnement pour extorsion.

Peu enclin aux remords, mais sujet à l'inquiétude devant de possibles saisies d'avoirs et une montée des « indignés »

1. *Ibid.*

2. Sylvia Nasar, *Un cerveau d'exception. De la schizophrénie au prix Nobel, la vie singulière de John Forbes Nash*, Paris, Calmann-Lévy, 2001.

de l'époque, John Rockefeller Sr donna une assise légale aux fondations. Les sommes qui leur étaient versées étaient un coussin fiscal qui servait à protéger les grandes fortunes de poursuites judiciaires et d'enquêtes fédérales. Elles prirent la forme de société holding en franchise d'impôt, un mot savant pour désigner un paradis fiscal d'autant plus céleste que les âmes qui l'habitent sont celles de bienfaiteurs.

Les grandes fortunes comprirent très vite les avantages fiscaux et politiques de cette forme de participation à la vie du pays et suivirent l'exemple de Rockefeller avec un enthousiasme décuplé par l'esprit de concurrence. À partir des années soixante-soixante-dix, lorsque Ayn Rand, qui bénéficia ô combien ! de leurs largesses, commence à répandre sa pensée, les fondations sont plus généreuses et plus puissantes que jamais, concentrées autour de quelques grandes familles qui choisissent la destination de leurs subventions, et notamment vers les domaines de l'éducation et de la recherche.

L'influence des fondations dans ces deux domaines fut telle – et c'est un ancien chef de division de la Fondation Rockefeller qui l'écrit – qu'elles remplacèrent *de facto* les ministères de l'Éducation et de la Recherche : « On peut se demander, confia-t-il, si cela est exagéré de dire que les fondations sont devenues, dans les faits, la manière américaine de se débarrasser des nombreuses fonctions qui incombent au ministère de l'Éducation dans d'autres pays[1]. »

Les budgets furent en effet quasi ministériels et ce depuis l'origine. Entre 1893 et 1915, les dons octroyés à l'éducation représentaient déjà 43 % de la philanthropie, de loin la part la plus importante. En 1915, un rapport du Congrès révéla que les Fondations Rockefeller et Carnegie à elles seules (et

1. Cité par Robert S. Morison, « Foundations and Universities », *Daedalus,* vol. 93, n° 4, automne 1964, p. 1109-1141.

il y en avait d'autres) donnaient des fonds au moins deux fois supérieurs à ceux octroyés par le gouvernement fédéral pour l'éducation et les services sociaux. Un cinquième des revenus des collèges et universités dépendait déjà des fondations qui finançaient recherches et innovations.

Ce fut un moteur d'innovation extraordinaire, explique l'ancien directeur du département sciences naturelles et médecine de la Fondation Rockefeller, car les centres de recherche pouvaient disposer de fonds immédiats alors que les fonds universitaires, prisonniers de plans, étaient infiniment moins souples. Combien de chercheurs français, notamment, ont rêvé de la RAND Corporation (rand est l'acronyme de Research and Development) fondée en 1945. Il s'agit de l'une de ces institutions à but non lucratif qui a pour objectif « d'améliorer la politique et le processus décisionnel par la recherche et l'analyse ». Établie en Californie, elle dépend des larges donations des fondations Ford, Rockefeller et Carnegie. Elle est considérée comme un laboratoire d'idées et l'on comprend l'enthousiasme des chercheurs européens à s'y installer. Non seulement le financement est généreux mais le décor de rêve de la RAND est propice au développement de la pensée, sur le modèle de celui qui accueillit Einstein à Princeton. Il s'agit d'une sorte d'« abbaye de Thélème », bien loin du CNRS et des engrenages bureaucratiques qui étouffent les centres de recherche des universités françaises.

Ces dons aux universités sont d'autant plus précieux aux yeux des présidents, doyens et professeurs qu'ils sont permanents, énormes, et concentrés sur les universités d'élite.

Les « fondations » et le savoir

Précisons en effet qu'à l'inverse des subsides d'un ministère de l'Éducation à la française il ne s'agit pas de répartir ces subsides sur tout le territoire. Le système américain de la haute éducation est très hiérarchisé et les centres de recherche ainsi financés concentrés, explique David Horowitz. La Fondation Rockefeller est ainsi associée aux centres de recherche des plus grandes universités : Chicago, Harvard, Columbia et Yale. Et il est particulièrement intéressant de relever qu'à partir des années soixante, ces fonds ont été versés généreusement à l'éducation et aux sciences dites sociales.

Nous entrons alors en politique. Et politique ce fut.

Dans les années soixante-dix, William Simon, alors président de la Fondation Olin, exhortait ses associés à aider les chercheurs en sciences sociales, comme les écrivains et les journalistes. « Donnez-leur, disait-il, des fonds, des fonds et encore des fonds en échange de livres, de livres et encore plus de livres. » Les sommes étaient colossales au point de devenir abstraites pour un public habitué à un autre système d'éducation. N'alourdissons pas le texte de chiffres mais répétons qu'il s'agit là de budgets privés qui sont égaux ou bien supérieurs aux budgets dits publics.

Les professeurs et chercheurs américains savaient d'où provenaient leurs subsides et autres bourses, mais n'étaient pas toujours prêts à faire face aux implications plutôt déplaisantes de ce financement, et certains préféraient peut-être ne pas trop se demander pourquoi on était prêts à tant les payer pour écrire des livres[1]. Le premier réflexe dont ils ne se départiront point est qu'ils recevaient la juste récompense de leur talent, pour le seul amour de l'art. *Humain trop humain !*

Arthur Koestler appelle ces chercheurs les *call girls*, dans son roman du même titre[2]. Ce n'est pas son livre le plus célèbre mais il mérite d'être relu, ne serait-ce que pour la série de prédictions à l'horizon 2000 que fait cet auteur, pétri d'angoisse. Il décrit une réunion où des professeurs et chercheurs discutent la tendance à l'autodestruction manifestée par les êtres humains. Une tendance qu'ils mettent en pratique dans un groupe où il devient vite évident que le financement des idées joue un rôle important. Répondant aux appels téléphoniques qui les invitent à des conférences pour « services intellectuels », ils pratiquent ainsi sans le savoir (vouloir) un des plus vieux métiers du monde.

Quittons la fiction pour une réalité peuplée de subsides finançant livres et recherches en sciences sociales, politiques et économiques en échange d'un « service » qui ne dit jamais son nom et qu'on appellera « la bonne pensée ». La Fondation Olin qui aimait tant les livres dépensa ainsi 50 millions de dollars à promouvoir le travail de professeurs et chercheurs dont les noms figurent au *Who's Who* de la droite académique.

En 1988, Allan Bloom, auteur du best-seller *L'Âme désarmée* (*The Closing of the American Mind*), était directeur du Centre Olin sur la théorie et la pratique démocratiques, doté d'un budget de 3,6 millions de dollars qui lui permit, entre autres, de financer la venue d'un conférencier sur un sujet de choix : la victoire incontestable des valeurs

1. David Horowitz et David Kolodney, art. cité.
2. Arthur Koeslter, *Les Call Girls* (1972), Paris, 10/18, 1993.

néo-libérales au terme de la guerre froide. Le texte de la causerie fut immédiatement publié par *The National Interest* (doté de 1 million de dollars par Olin), édité par Irving Kristol, lequel avait reçu un subside de 376 000 dollars comme professeur honorifique de la Fondation Olin de la New York University Graduate School of Business. Suite à quoi Kristol publia deux commentaires : le sien et celui de Samuel Huntington (lequel avait accès à 1,4 million de dollars que l'Institut Olin donnait à l'Institut des études stratégiques de Harvard). Le texte de la conférence et ses commentaires furent ensuite largement recensés par le *New York Times*, le *Washington Post* et *Time Magazine*[1].

Le financement est parfois si subtil que les professeurs ne savent pas d'où proviennent les fonds… avant qu'il ne soit trop tard. Nous allons retrouver Ayn Rand et la formidable machine de propagande qui soutient l'enseignement de sa pensée. Gary H. Jones, professeur au Collège des affaires de l'université de la Caroline de l'Ouest, publia à cet effet un article choc dans le journal de l'Association des professeurs d'université américains : « De récentes donations, écrit-il, de la BB&T, une des banques les plus importantes de la nation, ont soulevé la question des influences exercées sur la pensée académique. » Ainsi, à l'université de Caroline du Nord, par exemple, les membres de la faculté ont appris avec trois ans de retard que le don de 1 million de dollars pour la dotation d'un nouveau cours avait une clause particulière. Celle-ci stipulait que ce cours « devait mettre à son programme, ajoute Jones, les longues élucubrations d'Ayn Rand sur le laissez-faire, que *La Révolte d'Atlas* devait être pour les étudiants lecture obligatoire et que les professeurs qui enseigneraient le cours devraient

1. David Horowitz et David Kolodney, art. cité.

démontrer un intérêt positif en la matière et bien connaître la philosophie de l'objectivisme[1]. »

Très souvent aussi, le processus est si subtil qu'il faut du temps pour le comprendre. Un témoin, qui veut rester anonyme, dit avoir reçu une invitation pour une semaine de discussion sur l'épidémie d'obésité chez les jeunes enfants. Professeur en congé sabbatique, il écrivait un livre sur le sujet et ne fut donc pas surpris d'être recommandé pour remplacer l'un de ses collègues qui ne pouvait s'y rendre. Il savait qu'il allait être en compagnie de jeunes chercheurs prometteurs de la plupart des grandes universités américaines, dites de l'Ivy League (Ivy, « lierre » en anglais, fait référence aux lierres qui poussent sur les murs des bâtiments de ces universités) : Harvard, Yale, Princeton, Brown, Columbia, Cornnell.

La conférence, sur invitation, avait lieu au bord d'un lac, dans l'un de ces hôtels luxueux mais champêtres auquel le salaire d'un jeune professeur, ni même d'un plus âgé, ne donne accès. La note était réglée, il s'en rendit compte très vite, par les plus grandes compagnies de l'agro-business américain, représentées par deux femmes silencieuses. Cela dit, autour de la table, on ne trouvait que des experts sur les causes sociales de l'obésité dont la représentante d'une agence de réglementation de Washington qui lança le débat. Elle produisit documents sur documents qui établissaient un lien entre l'épidémie d'obésité et l'introduction, dans les cafétérias des maternelles, écoles et universités de la « junk food » et des boissons gazeuses. On l'écouta poliment et on prit des notes en silence. Après la pause-café, deux

1. Pam Martens et Russ Martens, « Resurrecting Ayn Rand : Hedge Fund Money teams up with Koch & BB&T », *Counterpunch*, 28 février 2012.

chercheurs présentèrent leur étude qui associait l'obésité à la vie sédentaire et au manque d'exercice.

La balle fut reprise au bond avec l'enthousiasme de jeunes chiots par d'autres jeunes chercheurs qui mentionnèrent quantité d'autres études corroborant l'hypothèse. Les représentants de l'agro-business n'intervinrent pas, si ce n'est pour qualifier le corpus de ces recherches de « fascinant », « remarquable », sinon « révolutionnaire », qualificatifs pour lesquels tout jeune universitaire vendrait son âme. Par contraste, un lourd silence accueillit une idée lancée par une professeure. Il faudrait, suggéra-t-elle, penser à interdire les machines distributrices de snacks dans les cafétérias des maternelles et écoles. « Le silence de mort s'ensuivit, raconte notre témoin. À partir de cet instant, on dansa autour d'elle mais on ne lui parla pratiquement plus. » Elle sera exclue doucement du groupe et la manne des fonds de recherches et les invitations aux conférences à venir (Tokyo sera la prochaine) récompensèrent les bien-pensants lorsque, le dernier jour, les subsides furent attribués.

Ils avaient bien mérité de la pensée. Non pas que leurs propos soient faux. La sédentarité compte pour beaucoup dans l'épidémie d'obésité et il n'y a pas prostitution de la pensée à vouloir le démontrer. Le contrôle de la pensée est dans l'omission, une technique utilisée par les moines copistes qui usaient leurs yeux sur les traductions des traductions arabes d'Aristote. Des passages entiers sinon des livres qui ne cadraient pas tout à fait avec le discours du temps étaient « oubliés » et le restèrent pendant des siècles jusqu'à ce que des traducteurs curieux, appelés « humanistes », ne viennent déterrer les textes anciens. Les humanistes ont toujours été la terreur des idéologues.

Mais revenons aux années soixante-dix lorsque la machine à propagande dont parle Lapham se met en place. Tous les professeurs ne se prostituèrent pas par la pensée, l'ignorance, l'action ou l'omission. Loin s'en faut. C'est dans les années soixante, notamment, que Rachel Carson, l'auteur du *Printemps silencieux*, lança le mouvement écologiste. Elle et sa petite équipe de chercheurs réussirent à faire interdire l'usage du DTT après une bataille épique qui les opposa à des professeurs « bien-pensants », prêts à tout pour démontrer l'innocuité du produit qu'ils étaient indirectement payés pour défendre. Il y eut des moments comiques lorsque certains visionnèrent un film où l'on montrait des vaches et des oiseaux, les pattes en l'air, au lendemain de l'aspersion du DTT sur les champs. À les en croire, c'était l'avion chargé de l'opération qui avait effrayé « à mort » les pauvres bêtes. Un autre chercheur, particulièrement motivé par les largesses des fondations de l'industrie chimique, alla jusqu'à avaler un grand verre d'un des dérivés du DTT devant les caméras afin de prouver son innocuité. (On ne connaît pas la suite.)

Dans les années soixante-dix toujours, d'autres chercheurs réussirent à faire plier, et ce n'est pas rien, le lobby des cigarettes pourtant très puissant aux États-Unis à cette époque et prêt à tout pour défendre le droit à la liberté de consommer ses produits. En 1971, des chercheurs, toutes preuves à l'appui, démontrèrent que les bébés de mères fumeuses avaient un poids à la naissance bien inférieur à celui des enfants des mères non fumeuses. Le PDG de la marque Philip Morris, Joseph Cullman, s'écria indigné lors d'une interview célèbre : « Mais il y a des femmes qui préfèrent avoir des bébés plus petits[1] ! » parce qu'il est

1. http://www.youtube.com/watch?v=D_AB7t66kbM.

plus facile de les mettre au monde. Aucune étude universitaire ne vint confirmer ses dires. L'interdiction de fumer dans les lieux publics commença à se répandre. Mais il ne s'agit là que de quelques victoires sur le front médical et scientifique où certaines preuves sont irréfutables.

Le domaine de la pensée politique et économique, quant à lui plus complexe et soutenu par les fondations, allait devenir l'écrin d'Ayn Rand qui s'installa ainsi au cœur de la pensée académique à l'université de Chicago. Le cerveau de la pieuvre, dont Lewis Lapham observa les tentacules, se dotait d'un cortex permettant à ceux-ci de s'étendre efficacement.

Le cerveau de la pieuvre

L'École de Chicago est un groupe informel d'économistes généralement associés à la théorie néo-classique des prix, au libre marché et au monétarisme, pour qui l'homme à abattre se nommait John Maynard Keynes. Quoique défendant des thèmes chers à Ayn Rand, l'École se garda toutefois de mettre ses ouvrages philosophiques sur son curriculum. Milton Friedman, son fondateur, reconnut que la romancière « avait fait beaucoup de bien », mais ne cacha pas qu'elle était « totalement intolérante et dogmatique ».

L'École était déterminée à prouver les mêmes principes non pas par le roman ni le culte mais par une « science », la seule qui présiderait à la destinée humaine : l'économie. Au nom de cette science érigée en absolu, le champ politique sera complètement évacué avec le succès que l'on sait, et que l'on comprend lorsqu'on se rend au forum économique mondial annuel de Davos.

Tout part de cet acte de foi en une science qui n'en est pas une. Le reste n'est que construction idéologique à partir de ce postulat.

Les nombreux prix Nobel que les vedettes de l'École reçurent ne firent qu'y ajouter du prestige. Milton Friedman reçut le prix Nobel d'économie en 1976[1], suivi par George Stigler en 1982, James McGill Buchanan Jr en 1986, Ronald Coase en 1991, Gary Stanley Becker en 1992 et Robert E. Lucas en 1995. Sans oublier l'un des plus célèbres, bien qu'il n'ait pas été professeur à l'École : le remarquable John Nash qui offrit aux théories de l'École un modèle mathématique. Notons au passage que sa théorie des jeux fut élaborée lors d'une phase paranoïde active de sa schizophrénie aujourd'hui sous contrôle. L'anecdote est importante puisque l'École, dans sa phase quasi autistique, va éliminer tout référent humain, seul le chiffre aura droit de cité.

Le chiffre est essentiel en ce qu'il va permettre de réduire le champ politique humain à la seule économie, érigée comme science sous le prétexte… qu'elle utilise les chiffres ! C'est une tautologie qui nous fait oublier que l'économisme de l'École de Chicago repose sur un postulat (non démontrable par la science) simpliste qui définit l'homme comme « égoïste, rationnel puisque calculateur, cherchant à maximiser ce qui est dans son intérêt[2] ».

1. Paul Krugman, « Who was Milton Friedman », *The New York Review of Books*, 15 février 2007 ; http://www.nybooks.com/articles/archives/2007/feb/15/who-was-milton-friedman/.

2. Dennis C. Mueller, *Public Choice III*, Cambridge, Cambridge University Press, 2003.

Continuons la proposition avec Mario Bunge[1] :
« I. L'individu, le consommateur en particulier, est souverain.
II. L'homme est insatiable dans ses besoins.
III. L'homme est essentiellement thésauriseur.
IV. Tous ont des préférences et peuvent les classer logiquement, par ordre de priorité.
V. Tous sont disposés à agir en vue de satisfaire leurs besoins.
VI. L'homme tend à minimiser les efforts à faire pour satisfaire ses besoins : en clair, l'homme déteste travailler.
VII. L'homme est naturellement compétitif et même agressif plutôt que coopératif.
VIII. Plus quelqu'un possède un bien, moins il en apprécie l'augmentation en quantité (loi de l'utilité marginale décroissante).
IX. L'homme doit constamment faire face à des choix et est ainsi forcé de prendre des décisions.
X. L'homme recherche l'optimisation : il prend les décisions les plus aptes à optimiser son efficacité (ou son bien-être, ou ses gains). »

Le postulat une fois accepté, le reste n'est qu'un syllogisme qui, comme tous les syllogismes, nous encercle dans une logique et nous fait oublier la précarité du postulat de base : 1. l'essence de l'homme est l'égoïsme ; 2. or tous ceux qui se disent altruistes et prétendent œuvrer au bien

1. Mario Bunge, professeur de philosophie à la faculté de philosophie de McGill University à Montréal, « Considérations d'un philosophe sur l'économique du néo-conservatisme (néo-libéralisme) », *in* Lizette Jalbert et Laurent Lepage (dir.), *Néo-conservatisme et Restructuration de l'État. Canada, États-Unis, Angleterre*, Montréal, Les Presses de l'Université du Québec, 1986.

commun (politiciens et bureaucrates) sont des hommes ; 3. ils sont donc égoïstes et ne travaillent que pour eux-mêmes.

L'égoïsme est la loi d'airain. Les anges altruistes n'existent que dans l'imagination des benêts et des naïfs. Les électeurs se leurrent lorsqu'ils croient que leurs élus et fonctionnaires travaillent pour le bien dit commun. Que ce soit consciemment ou non, tous les politiques sont des manipulateurs qui se servent des électeurs pour bâtir leurs petits empires. On les qualifie de « machiavéliens », ce qui est mal connaître Machiavel qui non seulement croyait au bien commun (la stabilité du royaume) mais estimait qu'il était du devoir du Prince d'incarner ce Bien au prix de la ruse et du mensonge lorsque nécessaire. Mais nous digressons.

Revenons au raisonnement de la théorie dite du choix rationnel dont il faut comprendre qu'elle élimine les mots « citoyen », « espace politique » ou « bien commun ». « Les hommes politiques et les fonctionnaires se conduisent comme le feraient les consommateurs et producteurs de la théorie économique, dans un contexte institutionnel différent : le marché des décisions publiques. Comme la théorie économique est fondée sur l'hypothèse du comportement rationnel et égoïste des individus, il faut également analyser la sphère politique selon le même critère. L'homme politique devient un acteur économique égoïste comme tous les autres. Il cherche à maximiser son utilité personnelle, déterminée par deux facteurs : idéologie (certaines idées politiques qu'il veut promouvoir) et pouvoir (détenir une fonction politique qui permet de réaliser l'idéologie). L'homme politique a, sans doute, une idéologie à défendre, mais il aspire surtout à être élu ou réélu. Il ne cherche pas l'intérêt général. Son comportement dépend donc d'un calcul rationnel tenant compte de ses préférences personnelles et de celles des électeurs, eux-mêmes uniquement intéressés à leur cause[1]. »

Plus importante est l'implication de l'analyse qui rejoint celle d'Ayn Rand : le gouvernement (incluant les élus et les fonctionnaires) est un parasite, « un organisme qui passe une partie signifiante de sa vie sur ou dans le tissu vivant d'un organisme-hôte, altérant sa santé sans le tuer immédiatement (ce n'est pas un virus) ». Ce message, dont la véracité a été « prouvée » par les calculs de micro-économie effectués par James M. Buchanan et Gordon Tullock, va s'infiltrer partout et les preuves vont s'accumuler sans mal. À partir des années soixante, il ne se passera pas un jour sans que la presse ne dénonce un politicien ou un bureaucrate coupable d'avoir fait passer son intérêt avant celui de la communauté.

Certes, dans les années quarante et cinquante, la corruption politique faisait déjà l'objet de romans et de films, à ceci près que des héros soucieux du bien commun (journalistes, politiciens intègres, ou représentants d'une communauté) aidaient à redresser l'ordre moral dans le gouvernement.

Mais, dans les décennies suivantes, il n'y aura plus d'exception : tout le monde est peint avec le même pinceau et, s'il y a un sauveur, ce sera le loup solitaire qui, voulant se sauver lui-même (il est égoïste), sauvera toute l'humanité de la peste, de l'astéroïde, du volcan, de monstres poilus ou luisants ou de petits êtres verts venus des confins de la galaxie. Il le fera avec un courage d'autant plus admirable qu'il devra combattre l'ennemi intérieur, politique ou fonctionnaire, qui non seulement est un parasite mais conspire à la destruction de son pays. Nous ne citerons que le modèle

1. William Niskanen, « Bureaucrats and politicians », *Journal of Law and Economics*, 18 décembre 1975.

du genre qui fut pendant des années un énorme succès télévisuel et cinématographique : *X Files. Aux frontières du réel.*

Certes les politiciens et fonctionnaires des États-Unis ne seront pas les seuls à subir de telles accusations, mais les États-Unis sont le seul pays où une théorie politique montera à l'attaque pour demander l'élimination de tous les « parasites ». C'est toute la différence. On ne demandera pas un changement de gouvernement comme on le fait en Europe, on demandera de réduire le secteur public à sa plus simple expression et de laisser le champ libre au secteur privé : un laissez-faire absolu.

Et un « génocide social », pour reprendre les termes de Naomi Klein[1], s'ensuivra.

Comme nous le verrons plus loin, on a appliqué à la lettre les théories de Milton Friedman dans l'Irak occupé par l'armée, livré par le gouvernement américain aux compagnies privées qui se sont emparées du pays.

Où est passé le bien commun ?

Revenons un instant à l'idéologie qui fonde ce formidable passage de pouvoir du secteur public au secteur privé.

Intellectuels anglais du mouvement libertaire ou intellectuels français qui n'aiment rien tant que l'individualisme frondeur contre l'État y voient un élan démocratique de tradition anarchique, sans les bombes. Certes Bakounine voulait aussi se débarrasser du gouvernement au nom de la

1. Auteure notamment de *No Logo. La tyranie des marques*, Arles, Actes Sud, 2001.

liberté, mais nullement transférer le pouvoir aux entreprises. Il rêvait d'un communautarisme dévoué à un bien commun sans cesse négocié, aux antipodes du mouvement qui nous occupe dans cet ouvrage, où le bien commun n'est surtout pas à négocier puisqu'il serait le produit automatique d'une harmonie préétablie, appelée aussi « main invisible ».

En effet, pour Adam Smith, le philosophe des Lumières à qui l'on doit la métaphore « chacun, en agissant égoïstement et pour son propre intérêt, est amené à produire plus d'effets bénéfiques pour la communauté que s'il travaillait réellement au bénéfice de celle-ci ». Il est donc conduit par une sorte de « main invisible » à « remplir une fin qui n'entre nullement dans ses intentions ». La somme des intérêts individuels fait l'intérêt général ; en conséquence, que le boucher, le banquier, l'instituteur soient égoïstes et ne recherchent que leur intérêt personnel est une bonne chose car, ainsi, ils concourent au bien-être commun plus sûrement et plus efficacement que s'ils avaient réellement pour mission d'y travailler. Ce n'est pas de la bienveillance du boucher, du marchand de bière et du boulanger que nous attendons notre dîner, mais bien du soin qu'ils apportent à leurs intérêts. Nous ne nous adressons pas à leur humanité, mais à leur égoïsme ; et ce n'est jamais de nos besoins que nous leur parlons, mais toujours de leur avantage.

La « main invisible » chez Smith signifie donc très précisément l'enchaînement imprévisible pour les hommes eux-mêmes des effets de leurs actions. Ils ne savent pas ce qu'ils font, mais ce qu'ils font a des conséquences bénéfiques pour tous. On peut même dire que le résultat bénéfique est mieux assuré en ignorant qu'on le fait plutôt qu'en croyant le savoir. C'est ce que la science du législateur, dans le domaine économique, peut montrer. C'est le sens général du grand livre d'économie politique d'Adam Smith, *De la richesse des nations*.

Cependant Adam Smith, tout comme Machiavel, nous ne le répéterons jamais assez, est mal lu. Smith, comme tous les philosophes dits libéraux de son temps, ne remettait pas en question le royaume, la république ou l'État. La main invisible agitait ses doigts bénéfiques au sein d'une communauté de droit préexistante dont il n'était pas question de se débarrasser. Il fut même l'artisan de la construction de l'État moderne, lequel a fourni aux industries privées les infrastructures matérielles (chemin de fer, routes, énergie, etc.) et les ressources humaines produites par les écoles, grandes ou petites. Smith souligna sans arrêt l'importance de l'engagement de l'État sur le plan éducatif. La richesse des nations, ne cessait-il de répéter, dépendait de cette coopération entre le privé et le public, même si se créaient des zones de pauvreté inévitables, dont on pensait qu'elles se résorberaient au fur et à mesure que la nation s'enrichirait. Le titre complet de la grande œuvre d'Adam Smith est un programme politique en lui-même : *Recherches sur la nature et les causes de la richesse des nations*. Encore plus révélatrice est l'épitaphe qu'il fit graver sur sa tombe où se mêlait le titre de deux de ses ouvrages « Ci-gît Adam Smith, auteur de *Les Sentiments moraux* et *La Richesse des nations* ».

Nous sommes très loin de la gerbe en forme de dollars qui décore le cercueil d'Ayn Rand. La théorie du choix rationnel n'a que faire des sentiments moraux ni même de la richesse des nations. Elle ne retient que le mot « richesse ».

La pensée des Lumières et ses idées de juste gouvernement de la nation n'ont plus prise. La théorie du choix rationnel s'est emparée du terrain définissant l'individu au sein d'une nation moribonde à laquelle il ne doit rien. « Pourquoi, nous fut-il expliqué un jour, embaucher la main-d'œuvre américaine si je peux utiliser une main-d'œuvre qualifiée et beaucoup moins onéreuse dans un autre pays ? Pourquoi payerais-je des impôts pour aider à financer des services que je n'utilise pas : mes enfants vont dans des écoles privées, j'ai une assurance santé privée. Pourquoi payerais-je des impôts dans ce pays si je peux vivre dans un pays qui me traite mieux ? Et si jamais je dois me rendre dans ce pays où le hasard m'a fait naître, je peux le faire en quelques heures grâce à mon avion privé. »

L'autre partie de l'équation est que la citoyenneté ne devrait conférer aucun droit économique au citoyen dépendant de l'État-providence, cet État qui promeut la sécurité économique et garantit les nécessités de base pour tous les citoyens : nourriture, logements, soins médicaux, protection des enfants et aide aux personnes âgées. Dans un ouvrage des plus intéressants, intitulé précisément *Le Prix de la citoyenneté*[1], Michael B. Katz nous explique cette guerre contre les éléments les plus faibles de la société qu'il n'y a aucun sens économique à prendre en charge. En se débarrassant de la citoyenneté, on se débarrasse d'eux.

Car c'est bien le concept de citoyenneté qui est remis en cause. Il n'y a plus de citoyens de naissance ou d'adoption, il n'y a que des individus, sept milliards pour être plus précis, qui, grâce à l'ouverture des frontières et aux nouvelles technologies, cherchent leur intérêt personnel dans un échange totalement libre. « Je crois dans le libre-échange, déclara Milton Friedman lors de l'une de ses nombreuses interviews, parce que, au fond, je suis certain que quiconque crée des produits que les gens désirent doit être récompensé par de l'argent qu'il peut ensuite utiliser

1. Michael B. Katz, *The Price of Citizenship. Redefining the American Welfare State*, New York (NY), Henry Holt, 2002.

pour ses propres besoins et désirs. Si la Compagnie ABC vous vend un horrible service ou de mauvais produits à des prix non attractifs, alors la Compagnie XYZ a la possibilité de prendre l'affaire en main en offrant un meilleur produit ou un meilleur service. Et qui ça intéresse de savoir si la Compagnie XYZ est localisée au Minnesota ou à Taïwan ? Le meilleur homme ou la meilleure femme qui offre le meilleur service au meilleur prix doit être récompensé et prendre l'affaire en main. Point à la ligne[1] ! »

En effet le point est final. Friedman ne veut aucune limite régulatrice ou distributrice financée par des impôts qui freineraient le flux de l'offre et de la demande. Milton Friedman est on ne peut plus direct : « Si le taux d'imposition atteint 70 % et que l'entreprenariat n'est pas récompensé, des gens comme moi vont tout simplement faire leurs valises et partir. Je ne plaisante pas… Le capital et les cerveaux iront là où on les valorise. Et ne vous racontez surtout pas d'histoire en pensant que ceux qui créent des emplois vont le faire pour rien[2]. »

Atlas se révolte, comme le souhaitait Ayn Rand. Non seulement il ne veut plus de limites régulatrices mais il n'est pas question de nourrir les parasites en surtaxant les riches à qui l'on offre tous les paradis fiscaux que le monde peut offrir. Milton Friedman a répété inlassablement cette phrase : « Je suis pour une réduction des impôts dans n'importe quelles circonstances, pour n'importe quelle raison, et chaque fois qu'on en a l'occasion. La raison pour laquelle je pense cela, c'est que le gros problème que nous avons n'est pas l'imposition mais les dépenses. Il faut

1. http://beginnersinvest.about.com/b/2009/09/28/milton-friedman-on-why-capitalism-will-always-win.htm.

2. *Ibid.*

empêcher le gouvernement de dépenser[1]. » Ce dernier point est essentiel à la doctrine friedmanienne : il faut éliminer les programmes qui freinent la croissance et privatiser tout ce qui peut l'être afin de mettre tous les services sur le marché, cet endroit mythique où la justice s'exercerait.

Pour Friedman, l'État législateur devrait se réduire à sa plus simple expression : la protection contre la violence et la protection des contrats. Pour le reste, toutes les régulations et autres règlements sont néfastes et, loin de nous protéger, ils empêchent la loi de la concurrence de s'exercer. « Car seule la libre concurrence peut discipliner les marchés », écrit Friedrich Hayek dans *La Route de la servitude*[2]. On n'a pas besoin de loi morale tant qu'on a la libre concurrence : la discipline du marché est LA loi morale.

Ce concept est lourd de conséquence car on laisse croire qu'une justice immanente préside à l'ordre du monde, l'ordre économique et l'ordre politique (puisque la démocratie est associée à la croissance). Le monde s'inverse. Désormais, on répète à l'envi que les règlements économiques sont « non naturels, immoraux et inefficaces ». Cela fait partie de l'amalgame que George Lakoff appelle « le mythe de la liberté économique » et qui s'articule autour des principes suivants : « les libres marchés sont naturels et moraux » ; « la concurrence laissée à elle-même optimise l'efficacité » ; « l'industrie privée est plus efficace que le gouvernement » ; « les règlements réduisent l'efficacité du marché » ; « quiconque est capable de s'autodiscipliner peut réussir » ; « la discipline du marché est naturelle ; les règlements ne sont pas naturels ».

1. http://rightwingnews.com/interviews/friedman.php.

2. Paris, PUF, coll. « Quadrige », réimp. 2010 [*The Road to Serfdom*, Routledge Press, 2010 (1re éd. 1944)].

À y regarder de plus près, tout cela nous évoque les postulats de l'*Émile* de Jean-Jacques Rousseau, où il nous explique que, si on laisse l'enfant explorer le monde par lui-même, il n'aura plus besoin de discipline externe. Il obéira d'emblée à la loi morale en son cœur. Nous sommes dans le pur idéalisme : Friedman a créé, en parlant de l'entreprise, « la bonne sauvage ».

Quant au bien commun, il jaillira de manière dynamique de la somme des intérêts particuliers qui s'harmoniseront grâce à la libre concurrence. Il ne s'agit plus du bien commun national, mais du bien commun universel, uniquement défini en termes de marché libre et de croissance, sorte de vortex mû par la synergie bienveillante des harmonies préétablies. Et donc, si on laisse faire l'économie, la politique, lieu de l'égoïsme parasitaire, disparaît, et tout s'arrange ! « Faire des profits est l'essence même de la démocratie ! » s'exclame Friedman…

L'État disparaissant, Friedman est ainsi le seul penseur à se positionner pour donner une idéologie forte à cette mondialisation qui se fait si rapidement que la pensée et la loi sont dépassées. Il répétera *urbi et orbi*, à une époque où les nouvelles technologies rapprochent toute l'humanité, la promesse on ne peut plus séduisante que la croissance disciplinée par les marchés est la marche de tous les pays vers la démocratie. Ainsi va la logique que décrit en cinq points Manfred Steger : « 1) la globalisation signifie dérégulation et intégration ; 2) la globalisation est inévitable et irréversible ; 3) personne ne dirige la globalisation ; 4) la globalisation bénéficiera à tout le monde ; 5) la globalisation répandra la démocratie dans le monde[1] ».

1. Manfred B. Steger, *Globalism. The New Market Ideology*, Lanham (Ill.), Rowman & Littlefield Publishers, 2001.

Ce mélange d'économie et de politique distillé par un grand communicant fut l'image de marque de Friedman. Ce n'était pas la passion d'Ayn Rand mais une rationalité passionnelle qui cacha l'extrémisme de la proposition d'un laissez-faire total, jamais encore essayé, même par les anarchistes. Paul Krugman, autre prix Nobel d'économie, nous dévoile dans un long article qu'il a consacré à Friedman[1] les petits secrets de la réduction de l'homme à l'*homo economicus*.

Il est vrai, nous dit-il, que l'*homo economicus* sait ce qu'il veut, et ainsi il est possible d'appliquer à ses préférences un modèle mathématique, dit fonction *utilitaire*. On peut également prouver que ses choix sont dictés par un calcul rationnel qui cherche à maximiser cette fonction : les consommateurs qui préfèrent les corn flakes au gruau d'avoine le font sur une base de coût-bénéfice où entrent plusieurs variables. Cela dit, continue Krugman, personne, pas même un prix Nobel d'économie, ne fait ce genre de calcul. « Mais pour la plupart des économistes, moi y inclus, nous trouvons l'*homo economicus* bien utile » pour comprendre les grandes lignes d'une réalité complexe. Cela nous permet de mettre un peu d'ordre simplifié dans la vie économique extrêmement complexe des êtres humains. Mais il s'agit juste ici d'un outil grossier de travail. Rien de plus[2] !

Pas du tout, répondra l'École de Chicago : ce n'est pas un outil, mais c'est le prisme à travers lequel nous allons regarder et juger toute la réalité humaine. Un prisme que vont financer toutes les fondations dont on comprend sans mal l'enthousiasme. L'argent va pleuvoir sur toutes les études et écoles consacrées à l'argent.

1. « Who was Milton Friedman », art. cité.
2. *Ibid.*

Milton Friedman était une École à lui seul. Il poussa le concept jusqu'à mélanger tous les genres, utilisant avec brio le prix Nobel qu'il obtint pour ses recherches (non politiques) sur l'inflation et le comportement des consommateurs. Il ne s'agit pas chez lui d'un laissez-faire classique mais d'un laissez-faire absolu. Une intensification qui ne laisse rien présager de bon si l'on en croit Hegel qui, dans *La Philosophie de l'histoire*, attribue la chute des civilisations à l'intensification morbide de leurs principes premiers.

Intensification : à ce point plus aucun doute ni contre-vérité ne sont acceptables, c'est le moment où l'on bascule dans le totalitaire. Le milliardaire et penseur George Soros, inquiet de cette dérive, s'exprime en ces termes : « Ce qui permet à une théorie économique de se transformer en idéologie hostile à la société ouverte, c'est cette certitude en un savoir parfait – une certitude d'abord admise et ensuite déguisée sous la forme de méthodologie[1]. »

Milton Friedman fut un idéologue. Comme tous les idéologues, il récrivit l'histoire, expliquant que les « industriels du capitalisme sauvage n'avaient produit que du bien », que c'est Roosevelt le démocrate, la bête noire de la droite américaine, qui avait provoqué la dépression économique. Comme tous les idéologues, il distribua les promesses… au futur : il dit aux ouvriers que le salaire minimum et les syndicats étaient inutiles et ralentiraient le processus grâce auquel ils bénéficieraient de la croissance.

Comme tous les idéologues, il était grandiloquent, répé-

1. George Soros, « The capitalist threat », *The Atlantic Monthly*, février 1997 ; http://www.theatlantic.com/past/docs/issues/97feb/capital/capital.htm.

tant que « le capitalisme était le plus grand moteur de progression du niveau de vie dans l'histoire de l'humanité ». On n'est pas loin de... Karl Marx, qui croyait lui aussi en une harmonie préétablie, à ce détail près que *L'Internationale* se chanterait différemment avec Friedman pour devenir : « L'internationale du consommateur sauvera le genre humain »... ainsi guidé par la main invisible.

Comme tous les idéologues, il refusait les échecs de sa théorie sur le terrain.

Nous retournons sans arrêt à la case zéro, à ce postulat selon lequel l'économie est une science. C'est au nom de cette croyance que Milton Friedman aimait à répéter qu'il n'y avait pas d'écoles différentes de pensée économique. Il y avait la science économique exacte qu'il enseignait et celles qui n'étaient pas des sciences. Par parenthèse, Karl Marx disait la même chose à propos de la sociologie qui, selon lui, avait le même degré d'exactitude que la chimie ou la physique. Il y avait ceux qui faisaient de la sociologie scientifique (les marxistes) et les autres qui ne ventilaient que des opinions réactionnaires.

Ils n'ont pas créé de science. Ce n'est jamais dans les laboratoires que se mitonnent les idéologies mais dans les cuisines : on prépare des plats de concepts souvent indigestes, en y ajoutant une pincée de religion et une bonne cuillerée de magie. Pour cuisiner le laissez-faire absolu, on pourrait y ajouter un léger soupçon de métaphysique en citant Leibniz et son « Tout est pour le mieux dans le meilleur des mondes possibles », mais la métaphysique de Leibniz est peu connue et bien inutile lorsqu'il s'agit de persuader les masses, le but de toute idéologie forte étant que sa parole ne puisse être remise en question.

Les idéologies ont leurs textes sacrés et leurs interprètes

accrédités. Plus une idéologie est bornée, plus elle prétend à la vérité, plus elle tend à devenir religion, la spiritualité en moins. Harvey Cox, dans un article célèbre paru en 1999[1], a démontré comment Milton Friedman a créé une religion sur le modèle des *Summae* de Thomas d'Aquin. Car cet ancien professeur de théologie de Harvard a eu une impression de déjà-vu en feuilletant les journaux d'affaires. Les thèmes des pages financières, explique-t-il, sont tous calqués sur les thèmes des textes théologiques. Ils s'articulent autour du sens de l'histoire humaine, de la « chute » et de la réconciliation. Remplaçons « Dieu » par « marché » et tout s'éclaire :

Le marché est omnipotent. Cox définit le terme comme « la capacité de définir la réalité », « le pouvoir de faire quelque chose à partir de rien et rien à partir de quelque chose ». La réalité créée par le marché ne laisse aucun autre espace puisque tout peut être réduit en chiffres et négocié en Bourse, que ce soient des terres sacrées, des parties du corps humain, des traditions alimentaires, des prières tibétaines. Son omnipotence est telle que la preuve du contraire (comme les pertes monétaires en milliards de dollars) est interprétée comme des corrections et la preuve supplémentaire de son existence.

Le marché est omniscient. Comme Dieu il connaît l'homme et ses besoins les plus secrets (la preuve étant la vente d'un produit ou d'un service correspondant). Seul le marché peut estimer la valeur des biens et services à l'aune du Dow Jones, du Nikkei ou du Hang seng. Les experts financiers sont devenus les prêtres et prophètes dont il faut écouter les conseils sous peine d'excommunication

1. « The market as God. Living the New Dispensation », *The Atlantic*, mars 1999.

et de damnation. Toute initiative politique doit passer par leur jugement[1].

Le marché est omniprésence. Le marché a tout envahi, y compris la vie privée qui jusqu'à présent échappait au calcul (famille, relations de couple, amitiés, etc.).

Ajoutons un dernier point :

Les voix du marché sont impénétrables. Le mystère explique le pouvoir, nous a déjà dit, non sans humour, Umberto Eco[2]. Et il n'y a sans doute pas de pouvoir plus mystérieux que celui du nouveau monde de l'informatique qui, *via* un langage mathématique, transforme toute opération d'échange en équations incompréhensibles pour le commun des mortels. Moins il comprend, plus il croit en la vérité qui lui est présentée.

Il faut finir par l'élément qui donne son piment à la cuisine idéologique : une bonne cuillerée de magie. Il n'y a pas de religion ou de pouvoir sans prières et miracles à l'usage du peuple. Il s'agit non seulement de le convaincre qu'il n'a besoin ni de l'État ni du groupe social pour prospérer, mais d'agiter des miracles qui le font rêver.

Le Nouvel Âge et ses faiseurs de miracles vont remplir ce rôle essentiel et d'autant plus important qu'il est centré sur l'individu, l'individu totalement seul à qui l'on fait croire qu'il a un lien direct avec la force, l'univers ou les astres, là où il doit fonctionner. Le pouvoir est dans l'individu à qui l'on fait oublier qu'il existe au sein d'une structure, d'une société politique, d'une culture et d'une nature.

1. Duncan K. Foley, *Notes on the Theoretical Foundations of Political Economy*, 1999 ; http://homepage.newschool.edu/~foleyd/poleconprint.pdf.

2. Dans *Le Pendule de Foucault*, Paris, Grasset, 1990, traduit de l'italien par Jean-Noël Schifano.

La sociologue Barbara Ehrenreich[1] nous emmène dans ce monde des faiseurs de miracles qui ont pullulé à partir des années soixante : conférenciers dits motivationnels, livres dits de « self help », gourous de la foi en soi, tous répètent que l'individu est seul responsable de sa réussite et que le monde est le sien s'il le désire vraiment. On atteindra le summum du miracle de l'individualisme avec *Le Secret*, livre qui se vendit à des millions d'exemplaires autour du thème de la pensée positive qui, canalisée par l'énergie universelle, revient récompenser ceux qui ne se laissent pas aller au défaitisme.

Nous ne parlons pas ici d'un mouvement marginal, mais d'un empire fort de milliards de dollars (plus de 6 milliards de dollars par an) et qui est devenu central dans la formation de la *psyché* politique, ou plutôt dans la formation de son absence : « si je suis malade, pauvre et malheureux, je n'ai que moi à blâmer » ; « je ne m'en sortirai que si je crois au miracle que je peux devenir » ; « tout dépend de moi et de moi seul » ; et, enfin et surtout, « je peux tout ». Ce genre de discours est nectar pour l'idéologie du laissez-faire absolu qui n'aura aucun mal à convaincre les croyants-en-eux-mêmes qu'ils n'ont pas besoin de l'État pour les assurer contre la maladie par exemple. Cela va même plus loin, nous dit Ehrenreich, puisqu'on va convaincre les malades qu'ils sont seuls responsables de leur maladie. Le cancéreux, ce lépreux des temps modernes, se fera dire et répéter que c'est son stress et son pessimisme qui sont la cause de son affliction, un discours obsédant qui lui fait ignorer les discours sur des causes sociales (pollution ou accès limité à des aliments sains, par exemple). L'idéologie

1. Barbara Ehrenreich, *Smile or Die. How Positive Thinking Fooled America and the World*, Londres, Granta Books, 2010.

prône également les séminaires d'auto-motivation qui sont offerts aux employés dont les postes sont supprimés, ou aux retraités qui ont perdu toutes leurs économies lors du krack boursier de 2008. Il leur est présenté sans discontinuer des cas où des *losers* ont trouvé la formule miracle, non seulement pour se remettre à flot mais pour devenir riches.

L'individualisme trouve son expression absolue dans la série télévisée *Les Survivants*, qui cherche à récompenser un super-concurrent, l'homme ou la femme qui démontrera sa supériorité stratégique sans l'aide d'une armée. C'est une guerre d'individu contre l'individu que l'on dit à l'état de nature, une imposture anthropologique s'il en est. Mais ce genre de film est important. Le laissez-faire absolu est sauf : non seulement on prouve que l'individu est égoïste mais que le bien commun n'est pas une option.

Si cela paraît extrême et simpliste, c'est que ça l'est. Mais c'est une Idée qui englobe tout. Et Isaiah Berlin nous le redit : « Ce sont les idées qui façonnent l'Histoire. Malheureusement ! soupire-t-il, car la plupart d'entre elles sont folles et dangereuses[1]. »

Nous allons avoir la chance d'en juger car cette idée – et celles qui en découlent – a été mise en application et pas seulement chez ceux que la pensée critique fatigue ou que les gris-gris motivent.

1. http://www.philo5.com/Les%20vrais%20penseurs/28%20-%20 Isaiah%20Berlin.htm.

TROISIÈME PARTIE

Et la haine se fit chair

L'économiste français Jacques Garello, fondateur du groupe des Nouveaux Économistes, rappela dans un éditorial intitulé « Les idées mènent le monde[1] » : « Cette maxime de Keynes rend compte de l'importance du message de Milton Friedman, celui qui précisément effacera le keynésianisme du paysage politique mondial pour lui substituer les idées de la liberté. Avec Hayek, nul n'aura autant contribué à faire progresser la science économique au XXe siècle, nul n'aura eu une telle influence sur le cours des événements[2]. » Nombreux sont ceux qui partagent son avis dont Paul Krugman qui consacra, on l'a vu, un article critique au maître de l'École de Chicago[3]. Friedman a fait basculer, nous dit-il, le pendule du protectionnisme vers le libre-échange ; de la réglementation vers la déréglementation ; du salaire minimum imposé par le gouvernement vers

1. http://libres.org/glossaryedito/2350-milton-friedman--capitalisme-et-liberte.html.

2. Frederick Leatherman, *Neoliberalism is a Cancer. If not Now, When ?*, chap. 24, part. 2 ; http://www.libres.org/francais/editorial/archives/editorial_1106/friedman_e4706.htm.

3. « Who was Milton Friedman », art. cité.

des salaires ajustés au marché. Beaucoup plus important, continue-t-il, il a persuadé les grands de ce monde que tous les changements en politique économique étaient le fer de lance des forces du progrès et du bien.

L'histoire réserve son jugement. Après sa mort, en 1996, lorsque le président de l'université de Chicago annonça la création d'un Institut Milton-Friedman doté de 200 millions de dollars, plus d'une centaine de professeurs signèrent une lettre de protestation : « Le libéralisme, vu par l'École d'économie de Chicago, n'a certainement pas eu partout un effet bénéfique. Nombreux sont ceux qui pensent qu'il a eu un impact négatif sur toute la population mondiale. » Et Friedman reçut le second prix *Dynamite Prize in Economics* attribué aux économistes qui contribuèrent de manière significative à la crise mondiale de 2008 (Alan Greenspan en reçut le premier prix !).

Tout le monde s'accorde au moins sur ce point : il a eu et continue d'avoir un impact mondial incommensurable. De l'avis général, Milton Friedman était brillant, sachant trouver des formules chocs, à l'emporte-pièce, qui ne pouvaient que séduire le pouvoir toujours preneur de conseils simples à des problèmes complexes. Friedman n'en était pas avare et se laissa bien volontiers citer. Mais il offrit au monde politique bien plus que les bons slogans qui enchantent les princes et les foules. Il parcourut les cinq continents, rencontrant présidents ou Premiers ministres, rédigeant des programmes de réformes ou tout simplement inspirant des initiatives concrètes qui changèrent pour le meilleur ou pour le pire la vie économique de certains pays.

C'est ce qui se passa au Chili dès 1975. Sur l'invitation d'une fondation privée, il donna une conférence au cours de laquelle il déclara que « le marché libre allait détruire la centralisation et le contrôle politique ». Des disciples enthousiastes, appelés les « Chicago Boys », formés à l'Université pontificale catholique du Chili dans le cadre d'un partenariat avec l'université de Chicago, mirent en application le modèle de l'École économique en trois temps : libéralisation économique, privatisation des compagnies d'État et stabilisation de l'inflation. Augusto Pinochet, dont on connaît la force de persuasion, fit voter la « retraite par capitalisation » ou le « chèque éducation », aidant ainsi compagnies d'assurances, banques et écoles privées à s'approprier une partie du secteur public.

Bien que ces réformes entraînassent une élévation massive de la pauvreté et du chômage, elles furent perçues comme un grand succès par l'*Encyclopædia Britannica*. Milton Friedman déclara que l'expérience chilienne était « comparable au miracle économique de l'Allemagne d'après guerre » – une remarque pour le moins intéressante lorsque l'on sait que ce miracle se produisit grâce aux idées interventionnistes de Keynes sur lesquelles Friedman et son école jetèrent l'anathème.

C'est une des caractéristiques des idéologues : ils n'ont que faire du principe de réalité en général et du principe de contradiction en particulier.

L'échec du modèle irakien

C'est sans doute pour cela qu'ils affectionnent particulièrement les laboratoires d'idées qui font table rase des habitudes coûteuses et de valeurs culturelles embrouillées, leur permettant ainsi de créer une réalité conforme à leurs vœux. Pour l'idéologie qui nous intéresse, l'occasion se représenta près de quarante ans plus tard dans l'Irak dévasté par la guerre où le pouvoir passa aux mains des militaires américains. La « table rase » fut presque complète : rien ne resta debout, au sens propre comme au figuré.

Dans un article retentissant[1], Naomi Klein explique cette expérience qui voulait en remontrer au Plan Marshall : « En quelques mois fut mis en place le plan d'après guerre proposé par les néo-conservateurs : il s'agissait de transformer l'Irak en laboratoire. Si Leo Strauss[2] avait donné la permission intellectuelle d'envahir l'Irak, ce fut cet autre professeur de l'université de Chicago, Friedman [...] qui offrit le manuel de reconstruction d'un pays sécurisé par les troupes américaines. Ce fut la consécration de l'aile la plus idéologique de l'administration Bush. »

Bref, on voulut, interjeta à l'époque *The Economist*, que l'Irak, gouverné par le secteur privé, serve de modèle à toutes les économies de la région et pourquoi pas du monde. On ne regarda pas à la dépense. L'administration Bush avança 20 milliards de dollars pour la reconstruction du pays, soit l'équivalent des deux tiers de son PNB[3].

Et Klein de continuer :

1. « Pillaging Iraq in pursuit of a neocon utopia », *Harper's Magazine, Baghdad year zero*, septembre 2004.

2. En juin 2004, Earl Shorris publia dans *Harper's Magazine* un article intitulé « Ignoble liars. Leo Strauss, George Bush, and the philosophy of mass deception » qui faisait le lien entre la guerre en Irak et le philosophe Leo Strauss (1899-1973). Ce penseur, réfugié aux États-Unis dans les années 1930, fut, selon certains, l'inspirateur des politiques de George Bush. Au point que l'on qualifie maintenant certains néo-conservateurs de « Leo-cons » ! Le philosophe québécois Daniel Tanguay, de l'université d'Ottawa, est plus nuancé. On lira avec intérêt l'article qui lui est consacré dans *Le Devoir* ; http://www.ledevoir.com/culture/livres/28717/l-aire-des-idees-leo-strauss-responsable-de-la-guerre-en-irak.

3. « If it all works out, Iraq will be a capitalist's dream », *The Economist*, 25 septembre 2003 ; http://www.economist.com/node/2092719.

« Furent mises en place toutes les politiques qui donnaient le feu vert aux multinationales afin de les aider à poursuivre leur quête de profit : gouvernement réduit à sa plus simple expression, main-d'œuvre flexible, frontières ouvertes, impôts minimums[1]. »

Deux mois avant que la guerre ne commence, l'USAID (Agence des États-Unis pour le développement international) avait commencé à rédiger un contrat avec une compagnie privée qui serait chargée de superviser la « transition de l'Irak vers une économie de marché durable ». Le document stipulait que la compagnie qui aurait le contrat saurait saisir « cette unique opportunité de progresser rapidement étant donné les circonstances »… Et ce fut fait.

Le diplomate Paul Bremer fut nommé administrateur civil, relevant directement du secrétaire à la Défense. Sa mission consistait à diriger l'occupation américaine jusqu'à ce que le pays puisse à nouveau être gouverné par des Irakiens. Il accompagna les troupes américaines d'occupation en Irak à partir du 2 mai 2003. Il admit que lorsqu'il était arrivé « Bagdad était en feu, littéralement en feu ». « Mais avant même que les feux ne soient complètement éteints, Bremer lança sa thérapie de choc, forçant à plus de changements difficiles dans cet été torride que le Fonds monétaire international n'en imposa en trente ans en Amérique latine. […] Il annonça la couleur par la mise à pied immédiate de 500 000 agents d'État, la plupart des soldats, mais aussi des médecins, infirmières, professeurs, éditeurs et imprimeurs. Puis il ouvrit toutes grandes les frontières : pas de tarifs douaniers, pas d'inspections, pas d'impôts. “L'Irak, déclara Bremer deux semaines après son arrivée, est ouverte au business”[2]. »

1. Naomi Klein, art. cité.
2. http://harpers.org/archive/2004/09/0080197.

Et un mois plus tard, il dévoila la pièce maîtresse de ses réformes. Avant l'invasion, l'économie irakienne, non liée au pétrole, était gérée par quelque 200 compagnies d'État qui produisaient de tout, du ciment au papier en passant par les machines à laver. Bremer, nous dit Naomi Klein, annonça la privatisation immédiate de toutes ces entreprises. C'était, disait-il, faire passer des entreprises d'État inefficaces aux mains d'entreprises privées. C'était essentiel, expliquait-il, à la reprise économique de l'Irak. Il s'agissait là de la liquidation d'entreprises d'État la plus importante jamais menée à bien depuis celle qui eut lieu après la fin de l'Union soviétique.

Mais ce n'était que le début de l'ingénierie économique vue par Bremer, comme l'explique Klein. En septembre, afin d'attirer les investisseurs étrangers en Irak, il fit passer des lois extrêmement généreuses pour les multinationales. La loi 37 fit tomber leurs impôts de 40 % à 15 %. La loi 39 donna la propriété des avoirs irakiens aux investisseurs de tous les secteurs, à l'exception de ceux du pétrole et du raffinement. Et les investisseurs pouvaient rapatrier tous les profits. Ils n'auraient pas d'obligation de les réinvestir et ils seraient exempts d'impôts. La loi 40 stipula que les banques étrangères seraient les bienvenues pour ouvrir boutique dans les mêmes conditions. Les seules lois que l'on garda furent celles imposées par Saddam Hussein qui limitaient les syndicats et les négociations collectives.

On signa des contrats dans l'enthousiasme. Un directeur de Procter & Gamble comprit que l'acquisition des droits pour sa compagnie représentait une mine d'or. 7-Eleven calcula qu'un seul de ses magasins avec un bon stock pouvait remplacer trente petits magasins irakiens. Quant à Wall Mart il faisait des plans, comme à son habitude, pour occuper tout le territoire.

Comme de nombreux laboratoires sociaux, celui-ci tourna au désastre. L'argent tomba du ciel, littéralement : en mai 2004, un premier avion-cargo effectua le voyage des États-Unis avec 2,4 milliards de dollars dans ses soutes, le tout en briques de billets de 100 dollars. Et vingt autres avions suivirent ! Et cela se répéta sur plusieurs années, faisant tomber une manne sur les marchés enfin libérés des contraintes insupportables à leur croissance. L'argent a ensuite gravité dans les sous-sols de l'un des anciens palais de Saddam Hussein et dans des bases militaires, puis a été distribué aux différents ministères américains et entrepreneurs sur le terrain, le tout sans aucun contrôle.

Ce fut, selon le *Los Angeles Times*, « le plus grand vol de fonds de l'histoire ». En janvier 2005, un rapport officiel de l'inspecteur général pour la reconstruction de l'Irak, Stuart Bowen, signale que 9 milliards de dollars américains destinés à la reconstruction de l'Irak ont disparu en fraudes, corruptions et autres malversations.

Ils ne furent pas perdus pour tout le monde. Une mentalité émergeait dans le prêchi-prêcha économique à la gloire du monde des affaires : escroquer le gouvernement était perçu comme du bon business, une source à exploiter, comme les rivières, les océans, l'espace. L'exploitation justifiant tout puisqu'elle est censée créer de la richesse.

Ce qui explique sans doute en partie pourquoi l'échec retentissant du plan économique irakien n'a freiné en rien la détermination de ceux qui conseillaient alors le président George W. Bush, désignés aux États-Unis sous le terme de *neo-cons* qui signifie les néo-conservateurs partisans du laissez-faire économique totalitaire, assorti d'un retour moral à ce qu'ils appellent les « vraies valeurs », lesquelles incluent un mépris certain pour l'autorité de la science et le principe de réalité. L'échec irakien ne fut pas regardé comme la preuve ni même comme une épreuve, et on tourna vite une de ces pages de l'histoire qu'on ne consulte jamais.

Science ou non, ni les Chiliens ni les Irakiens n'eurent le choix des décisions qui leur furent imposées *manu militari*. Et l'on se gardera bien d'évoquer ces cas lorsqu'il s'agira de dénoncer les dépenses du gouvernement. Le coût des deux guerres n'a jamais été mentionné.

Le laissez-faire aux commandes de l'État

Dans d'autres pays, le passage de la théorie à la pratique fut moins brutal mais parfois tout aussi dévastateur. Préparé par une propagande superbement orchestrée sur des décennies, il se fit non seulement démocratiquement mais dans l'enthousiasme aveugle. Ce fut le cas par exemple en Islande où un grand admirateur de Milton Friedman, Davíð Oddsson, devenu Premier ministre en 1991, mit en place un programme reprenant ses grandes idées : stabilisation fiscale et monétaire, privatisations, forte réduction des impôts (l'imposition sur les bénéfices des entreprises passa de 45 % à 18 %) et enfin libéralisation des marchés de capitaux et de devises, laquelle conduira le pays à la faillite en 2008.

C'est tout aussi démocratiquement que l'idéologie fut adoptée aux États-Unis, où Milton Friedman multiplia ses interventions. Il fut conseiller économique du sénateur Barry Goldwater lorsque ce dernier essaya sans succès de briguer, en 1964, la présidence des États-Unis, et celui de Richard Nixon lorsqu'il l'obtint en 1968. En 1980, il aida activement Ronald Reagan et fut membre officiel du Conseil consultatif en économie créé par le président et composé d'un groupe d'experts non gouvernementaux, lesquels préconisaient invariablement de faire passer l'économie du côté de l'offre, de baisser les impôts, de réduire toutes les dépenses fédérales à l'exception de l'armée, d'éliminer des règlements et d'aider le secteur privé. Reagan se mit à la tâche avec l'énergie des convaincus.

Les impôts fédéraux sur le revenu furent significativement réduits en deux temps. L'*Economic Recovery Tax Act* de 1981 fit passer les impôts des plus riches de 70 % à 50 % et ceux de la tranche la plus basse de 14 % à 11 %. Le *Tax Reform Act* de 1986 réduisit l'imposition de la tranche la plus élevée de 28 % tout en augmentant celle de la tranche la plus basse de 11 % à 15 %. Ronald Reagan justifia l'augmentation de l'imposition sur les plus pauvres par la théorie, chère au laissez-faire, dite *du ruissellement* selon laquelle ne pas imposer les plus riches accélérerait la croissance dont les bienfaits « ruisselleraient » en cascade vers les classes moins privilégiées, compensant des souffrances toutes temporaires, comme la légère hausse d'impôts que ces dernières devaient subir. Et Milton Friedman se répandait en interviews où il ne discutait pas même l'axiome : « Le débat est clos, répétait-il avec un grand sourire : baisse d'impôts égale croissance. »

L'un n'allait pas sans l'autre. Afin de compenser la perte des revenus de l'État par l'imposition, il devenait nécessaire de réduire ses dépenses, dont celles, de plus en plus lourdes et perçues comme intolérables par Ayn Rand et Milton Friedman, de l'État dit providence. Celles-ci concernaient les droits de protection économique des citoyens américains, tels que les avait définis Lyndon Johnson lors de son discours sur l'état de l'Union du 8 janvier 1964. Il s'agissait, avait-il déclaré à l'époque, de faire « la guerre à la pauvreté ». Le Congrès vota la loi sur les Opportunités économiques (*Economic Opportunity Act*) établissant le bureau correspondant (OEO, Office of Economic Opportunity) qui administrerait les fonds fédéraux ciblant la pauvreté, ainsi que la loi sur la Sécurité sociale de 1965 (*Social Security Act*) qui créa Medicare puis Medicaid.

Reagan n'avait pas le pouvoir de faire abroger toutes les lois, mais il entama une guérilla au terme de laquelle le mot *citoyen* changea de sens. Avec Reagan, commença ce que Michael Katz appela une guerre féroce contre la dépendance… et particulièrement contre les segments les plus vulnérables de la société[1]. Dans son livre au titre évocateur, *Le Prix de la citoyenneté*, il décrit la période où « tous les programmes qui avaient été créés pour venir en aide aux pauvres tombèrent […] et ceux qui profitaient de ces programmes devenaient des paresseux si ce n'est des criminels… ». Républicains et démocrates commencèrent également à couper dans les budgets des organismes de régulation. Ce fut pendant le mandat de Reagan qu'une coalition de conservateurs demanda la fermeture de nombreux hôpitaux psychiatriques, « libérant » ainsi les malades mentaux qui, hébétés, rejoignirent les sans-abri dans les rues des grandes villes.

Le président fut également à l'écoute des grandes compagnies qui s'opposèrent à toute loi cherchant à protéger l'environnement, dont on mesurait pourtant la fragilité grandissante. Il ajouta à ses politiques de réglementation une hostilité à peine voilée envers la nature. Lorsqu'il était gouverneur de Californie, l'ex-acteur s'était opposé vigoureusement à l'expansion du parc national de Redwood en s'écriant : « Un arbre est un arbre ! Combien vous faut-il encore en regarder ? », tel Milton Friedman à propos de la création d'un parc national de Yellowstone : « Si le public veut vraiment ce genre d'activité, autant se le dire : il paiera pour cela et les compagnies privées se feront un

1. Michael B. Katz, *The Price of Citizenship. Redefining the American Welfare State*, University of Pennsylvania Press, 2008.

plaisir de lui offrir des parcs[1]. » Il s'est au moins gardé de commenter la phrase grâce à laquelle s'est rendu célèbre Ronald Reagan une fois nommé président : « Les arbres, s'écria-t-il, polluent plus que les automobiles[2] ! »

Cela fit sourire mais, hélas, cela inaugurait une attitude qui perdure et qui consiste à accuser la nature des méfaits commis par les humains. Reagan était sur ce point intarissable : en 1980, après l'éruption du mont Saint Helens, il survola le site par deux fois. « Je ne suis pas un scientifique et je ne connais pas les chiffres exacts, dit-il, mais je soupçonne que cette petite montagne a probablement rejeté dans l'atmosphère davantage de dioxyde de soufre que les automobiles en dix ans. »

Puis son vice-président lui succéda : George Herbert Bush, Bush senior (pour le distinguer de son fils George Walker Bush) qui, toujours sur le chapitre de l'aversion à la chlorophylle, se rendit célèbre en déclarant qu'il n'aimait pas le brocoli (ce qui lui valut une attaque en règle du lobby des maraîchers). Admirateur, disait-il, de l'École de Chicago, il épingla sur la poitrine de Friedrich Hayek, l'un de ses célèbres professeurs, « la médaille présidentielle de la Liberté, l'une des deux plus hautes distinctions civiles aux États-Unis, pour avoir aidé l'humanité à regarder au-delà de l'horizon ». Cet économiste viennois, qui fit tandem avec Milton Friedman, voyait si loin en effet qu'il reprenait le vieux principe politique selon lequel « la fin lointaine

1. In *Capitalism and Freedom*, 1962, p. 31.

2. À vrai dire, cette phrase est une interprétation rapide d'un propos de Reagan sur la pollution produite par la végétation. Elle est très vite devenue l'expression définissant sa position. « Growing and decaying vegetation in this land are responsible for 93 percent of the oxides of nitrogen », in *Los Angeles Times*, 9 octobre 1980.

justifie les moyens présents ». Lorsqu'on le questionna sur son association avec Pinochet, un des dictateurs les plus sinistres de l'Amérique latine, il répondit : « Personnellement je préfère un dictateur qui favorise la libéralisation du marché à un gouvernement libéral qui cherche à la restreindre. Cela vaut pour l'Amérique du Sud. Nous allons par exemple assister, au Chili, à la transition d'un gouvernement dictatorial vers un gouvernement libéral[1]. »

Curieuse médaille qui récompensait ainsi un laissez-faire aussi farouchement absolu lorsque l'on sait que le président Bush senior avait dans le passé émis de sérieux doutes sur certains aspects de la doctrine friedmanienne. En 1980, notamment, alors qu'il s'opposait à Ronald Reagan pour l'investiture à la présidentielle, il s'en était pris à un postulat des plus sacrés du laissez-faire, selon lequel les baisses d'impôts n'augmentent pas les déficits. Dans un discours célèbre prononcé cette année-là à l'université Carnegie Mellon, il parla d'une « économie vaudoue », métaphore que les républicains ne lui pardonnèrent jamais et ce d'autant moins qu'elle sonnait juste.

Non seulement on pratiquait la magie sur une grande échelle, mais elle ne fonctionnait pas : durant le mandat de Ronald Reagan, le déficit – dont Bush senior hérita – était le triple de ce qu'il était en 1980. Le président Bush s'essaya à une timide augmentation des impôts mais là s'arrêta sa révolte envers l'orthodoxie du laissez-faire. Son gouvernement était « en plein travail de dérégulation ». Témoin cette séquence, dans le documentaire *Le Monde selon Monsanto*, où on le voit en tournée au siège de la société le 15 mai 1987 : au cours d'une conversation avec les dirigeants de Monsanto qui veulent présenter une requête auprès de la USDA (le

1. http://my.firedoglake.com/mason/tag/milton-friedman/.

ministère de l'Agriculture des États-Unis) pour tester le soja génétiquement modifié, George Bush dit clairement : « Passez-moi un coup de fil, nous sommes dans la dérégl' [déréglementation] des entreprises[1]. »

Et il tint la promesse, dont le monde subit les conséquences à jamais : « À cette époque, les biotechnologies sont considérées comme la nouvelle révolution industrielle capable de sortir l'économie américaine de la crise. Partout, les start-up de la biotechnologie fleurissent et il n'est pas question pour les dirigeants politiques de ralentir l'économie par une législation contraignante. Le 29 mai 1992, la Food and Drug Administration publie dans le *Federal Register* sa réglementation concernant les "aliments dérivés des nouvelles variétés de plantes". Les produits alimentaires issus de la biotechnologie seront réglementés au même titre que les aliments issus de la sélection naturelle des espèces : "Les aliments [...] dérivés de variétés végétales développées par les nouvelles méthodes de modification génétique sont réglementés dans le même cadre et selon la même approche que ceux issus du croisement traditionnel des plantes." Cette assimilation des OGM aux produits issus de l'agriculture traditionnelle était l'une des revendications principales de Monsanto. Cela aura de nombreuses répercussions sur le système de distribution commerciale, notamment l'absence et l'interdiction d'étiquetage spécifique pour les produits alimentaires contenant des OGM. De fait, cela ôte la liberté de choix des consommateurs qui n'ont d'autre alternative que de se tourner vers les produits labélisés "agriculture biologique" pour garantir une alimentation sans OGM[2]. »

1. http://www.youtube.com/watch?v=089l65uEOL8.

2. http://www.combat-monsanto.org/spip.php?article30 ; voir aussi Marie-Monique Robin, *Le Monde selon Monsanto. De la dioxine aux*

Cela dit, rien ne pouvait lui faire pardonner, aux yeux des républicains, d'avoir osé augmenter les impôts. Bush senior aurait dû savoir que les zombies qui peuplent le monde du Vaudou non seulement ne meurent jamais mais envoûtent les vivants. Les démocrates se convertissaient et les danses rituelles autour de la baisse des impôts censées faire tomber la pluie (de dollars) continuèrent de plus belle. L'idéologie prenait le pas sur l'économie.

Bill Clinton, un démocrate sous influence

On préféra donc à ce républicain qui mettait en doute quelques principes de la bible Friedman un démocrate qui s'en fit le choriste. Dans son discours sur l'état de l'Union de 1996, Bill Clinton s'écria avec une passion toute friedmanienne : « L'ère du *big government* est terminée. »

Portée par la vague du mouvement de « la réinvention du gouvernement[1] » qui donnait force conseils sur la privatisation et la dérégulation, l'administration de Bill Clinton décréta que toute fonction du gouvernement fédéral devait se soumettre à une analyse comparative coût-bénéfice avec le secteur privé. Pour obtenir des fonds fédéraux, tous les gouvernements municipaux ou représentant les cinquante États devaient passer par le même crible. Au nom de l'efficacité et du moindre coût, des milliards de dollars furent définitivement transférés dans les mains d'entreprises pri-

---

OGM, une multinationale qui vous veut du bien, Issy-les-Moulineaux/Paris, Arte éd./La Découverte, coll. « Cahiers libres », 2008, préface de Nicolas Hulot.

1. David Osborne et Ted Gaebler, « Reinventing government : how the entrepreneurial spirit is transforming the public sector », *Plume*, 1993.

vées grandes ou petites qui administrèrent les prisons, les aéroports, les ponts, la paye des fonctionnaires, le suivi des pensions alimentaires pour enfant, l'émission des certificats de naissance, les contraventions, etc. Malheureusement on utilisa le même crible pour des fonctions mineures du gouvernement (lesquelles peuvent en effet être traitées à moindre coût par le secteur privé) et pour des fonctions essentielles et complexes de l'État comme la sécurité, la police ou l'énergie, dont les coûts et bénéfices sociaux ne peuvent être réduits à un chiffre.

Ce n'était pas assez aux yeux de Friedman qui ne cessa de critiquer Bill Clinton pour avoir essayé (en vain) d'instaurer un système de sécurité sociale – pour lui un outrage parmi les outrages. Rien de ce que pouvait faire Bill Clinton ne trouvait grâce à ses yeux. Et si le pays connut sous son mandat une vague de croissance, elle fut attribuée à l'effet Reagan. Les idéologies ne versent jamais dans la nuance.

Et pourtant, c'est ce président démocrate, qu'il accusait d'être un « faux jeton », qui initia, lors de son second mandat, une série de dérégulations parmi les plus importantes à ses yeux et ceux d'Alan Greenspan. Selon le *New York Times*, ses conseillers financiers ont ainsi, avec succès, empêché Washington de réglementer les produits financiers dérivés qui sont au cœur de la crise actuelle du crédit. En 1997, Bill Clinton renforça également le *Community Reinvestment Act* qui assouplissait les règlements de prêts hypothécaires afin de permettre à des emprunteurs économiquement défavorisés de se qualifier pour des prêts au logement. En 1999, il abrogea la loi *Glass-Steagall*, qui assurait une séparation étanche entre les banques commerciales, qui acceptent des dépôts, et les banques d'investissement, qui prennent des risques. Les partisans du laissez-faire ne pouvaient qu'applaudir.

Il est vrai que Bill Clinton avait pour conseillers en matière de finances deux fervents disciples de Milton Friedman : Robert Rubin et Larry Summers. Lorsqu'on le lui reprocha, après la crise de 2008, il reconnut avec une certaine naïveté qu'il n'aurait peut-être pas dû les écouter, comme il reconnut tout aussi nonchalamment qu'il n'aurait peut-être pas dû tromper sa femme. À ceci près que si ce second manque de jugement prêta relativement peu à conséquence économique, le premier fut la cause principale de la dépression de 2008 qui n'est pas sans rappeler celle de 1929.

George W. Bush Junior a présidé au début de cette dépression, puisqu'il est arrivé au pouvoir en 2000 et y est resté jusqu'à la fin 2008, qui marqua le début des années noires. Pendant ses deux mandats, il continua donc les politiques du laissez-faire initiées par ses prédécesseurs. Le 9 mai 2002, il rendit hommage à Milton Friedman en ces termes : « Il a utilisé son brillant esprit pour faire avancer une vision morale, la vision d'une société où les hommes et les femmes sont libres, libres de choisir, et où le gouvernement n'est pas libre de passer outre leurs décisions. Cette vision a changé l'Amérique, et elle en train de changer le monde. » L'éminence grise du président, Donald Rumsfeld, ne fut pas de reste : « Milton, s'écria-t-il, est l'incarnation de cette vérité première, que les idées ont des conséquences. »

Nous revoilà dans les idées ! Les compliments de Bush junior n'étaient pas murmurés comme le furent les mots presque identiques prononcés par son père pour célébrer les mérites de Friedrich Hayek. Si Bush senior avait quelques réserves sur le bien-fondé de certaines hypothèses du laissez-faire total, son fils était un enthousiaste convaincu.

Au nom de l'efficacité et du rapport coût-bénéfice, l'administration Bush junior poussa la privatisation de l'armée américaine et des services de renseignements à un degré que l'on n'imagine pas en Europe. En Irak, en 2007, les entrepreneurs privés constituaient la deuxième plus grande « force ». Au dernier décompte, il y en avait environ 100 000 en Irak, dont 48 000 travaillaient en tant que soldats privés, selon un rapport du *Government Accountability Office*. Ces soldats ont opéré presque sans supervision ou contraintes légales. On sait peu qu'en revanche l'armée de métier, comme toutes les institutions publiques, y a été maltraitée : absence de fonds pour maintenir les bâtiments, services des ressources humaines paralysés par les coupes budgétaires, recherches systématiques et voulue d'incompétents à la tête des agences fédérales.

Au nom de la croissance, George W. Bush imposa une série de dérégulations, dont le forage du pétrole en haute mer et dans l'Arctique national. En 2002 et 2003, il fit voter des lois permettant l'exploitation des ressources naturelles souterraines des forêts des parcs naturels. Il modifia, pour l'assouplir, le *Clean Air Act*, une réglementation importante votée en 1970 qui visait à protéger l'air et diminuer le smog et était l'une des bêtes noires des industries, obligées à des dépenses d'assainissement qui alourdissaient leurs coûts et donc, selon elles, freinaient la croissance.

Au nom de la croissance, toujours, il fit réduire les impôts de 1 350 milliards de dollars sur cinq ans, avec la suppression notamment de la double imposition des dividendes et de la réduction des impôts sur les successions et sur les intérêts. Cette mesure bénéficia surtout aux classes les plus aisées mais aussi aux plus pauvres dont le taux d'imposition atteignit les niveaux les plus bas en trente ans, à la fin de son second mandat.

Au nom de l'autorégulation, la Securities and Exchange Commission autorisa les banques à emprunter sans restriction gouvernementale. Certes la Commission avait droit de regard mais sa vue avait considérablement baissé avec l'âge. On vivait dans l'idée défendue par Alan Greenspan que les banques feraient toujours preuve de maturité et s'autoréguleraient.

Enfin, au nom de la réduction des coûts de l'État-providence, on continua à couper les budgets d'aide aux plus démunis. C'était du pur laissez-faire à ceci près qu'il y eut changement dans le discours. Ce fut George Bush qui lança l'idée du « conservatisme compatissant », lequel consiste à déléguer le soin des démunis aux Églises, nombreuses, qui ne demandaient qu'à renforcer leurs pouvoirs. C'est ainsi qu'une curieuse alliance entre les économistes scientifiques et les Églises fut signée. Nous la retrouverons plus tard.

Milton Friedman décéda en 2006, pendant le mandat de George W. Bush, deux ans avant l'élection de Barack Obama et donc avant la débâcle économique de 2008. Qu'aurait-il dit s'il avait été confronté aux conséquences du laissez-faire ? Nous ne le saurons jamais, mais nous pouvons le deviner en écoutant ses disciples. Alan Greenspan fut peut-être le plus humble (relativement). Il admit avoir éprouvé un certain désarroi lorsque, en octobre 2008, il apparut devant le comité de la Chambre sur la surveillance et la réforme du gouvernement.

Mais son désarroi fut de courte durée. Il reprit le refrain selon lequel l'économie serait encore en pire état si on avait maintenu les règlements financiers. Lorsqu'une idéologie est aussi bien installée que celle du laissez-faire, les réveils ne sont jamais soudains, particulièrement parmi les élites qui en ont le plus profité.

Barack Obama n'est pas Roosevelt

Les idées de Friedman continuèrent donc à influencer de plus belle les décisions du président Obama, élu sur ces entrefaites, et qui dut faire face à ce qui allait devenir un désastre économique : les marchés immobilier et financier s'étaient effondrés au point que les plus grandes banques étaient au bord de la faillite, ce que les meilleurs analystes avaient prévu. Les banques s'étaient lancées dans des opérations frauduleuses d'une telle envergure qu'on n'osa pas les incriminer juridiquement. Nous y reviendrons dans le chapitre suivant. La bulle éclata au mois d'octobre 2008, à quelques semaines de l'arrivée à la Maison-Blanche de Barack Obama.

Que fit le président élu ?

Il fit ce qu'on fait quand l'idéologie est devenue cet éléphant dans le couloir dont nous parlions précédemment. Il prit comme conseillers financiers nuls autres que Larry Summers et Robert Rubin, ceux-là mêmes qui avaient poussé Bill Clinton à déréguler les opérations financières. Il ajouta à l'équipe Timothy Geithner dont les liens avec la banque Goldman Sachs firent frémir plus d'un observateur. Il nomma Henry Paulson (un autre ancien de la Goldman Sachs) pour diriger l'opération de sauvetage des banques ; ce que fit ce dernier en demandant au gouvernement fédéral 700 milliards de dollars pour les renflouer – à utiliser à leur seule discrétion sans examen de contrôle ou judiciaire. Bref expliqua Elizabeth Warren, qui présida en 2010 un des Groupes de contrôle du Congrès : le président a mis tout l'argent dans les mains des banques – sans aucune condition, aucune reddition de comptes, et en ne demandant aucune transparence. Le laissez-faire sans imputabilité était devenu totalitaire. Il en coûta à l'État la coquette somme de 13 000 milliards de dollars, lesquels, contrairement à ce qui a été dit, n'ont pas été complètement remboursés et les banques n'ont toujours pas été régulées, selon le vœu de tous les friedmaniens.

Et pour ceux que la petite histoire intéresse, ajoutons que Larry Summers fut nommé président de l'université Harvard dans l'intermède de son engagement auprès des présidents Clinton et Obama. Friedmanien convaincu que l'argent doit « travailler », Summers proposa donc d'investir sur le marché boursier la totalité de certains fonds de dotation de l'université, soit plus de 6 milliards de dollars. Personne n'eut le courage de l'affronter lorsque Summers dévoila sa stratégie d'investissement à (très) hauts risques… Et c'est ainsi que l'université perdit 27 % des 6 milliards de dollars de réserve qu'elle gardait en liquidités : soit une modique somme de 1,8 milliard[1].

Parmi les démocrates encore naïfs, personne ne comprit ce choix d'Obama. « En décembre 2008, le sénateur du Dakota du Nord, Byron Dorgan, supplia le président de reconsidérer la nomination de ses conseillers. Il pleurait "Comment est-ce que vous pouvez faire cela ? Vous avez choisi les pires !"[2]. » Obama sourit et passa son chemin. D'autres sénateurs plus cyniques s'étaient préparés à l'inévitable. Dans les cercles mieux informés on savait que le président avait reçu pour sa campagne de 2008 une somme

1. Felix Salmon, « How Larry Summers Lost Harvard $1.8 Billion », *Seeking Alpha*, 30 novembre 2009 ; http://seekingalpha.com/article/175644-how-larry-summers-lost-harvard-1-8-billion.

2. Frank Rich et Adam Moss, « Obama's Economic Quagmire », *New York Magazine*, 17 septembre 2011 ; http://nymag.com/daily/intel/2011/09/obamas_economic_quagmire_frank.html.

quatre fois supérieure à celle que reçut son rival républicain McCain de la banque la plus puissante des États-Unis : la Goldman Sachs[1].

Des statistiques récentes de l'Economic Policy Institute indiquent que, depuis la fin officielle de la récession en juin 2009, 584 000 postes de la fonction publique ont été supprimés[2].

Obama réussit néanmoins à faire accepter par le Congrès une assurance santé fédérale qui couvrirait les quelque 50 millions d'Américains qui n'en ont aucune. Sa tentative, pourtant timide et qui prenait soin de ne pas toucher à l'empire des grandes compagnies d'assurance santé, attisa la rage des néo-cons et devint un des chevaux de bataille de la campagne présidentielle de 2012.

Mais ce fut l'exception démocrate qui confirma la règle friedmanienne : partout ailleurs, on continua réductions d'effectifs et privatisations au point que, en 2012, pour ne donner que cet exemple, il y avait plus d'entrepreneurs du privé que de soldats en uniforme en Irak et en Afghanistan. Barack Obama ajouta une cerise sur le gâteau qu'il offrit aux républicains : il maintint pour deux ans les exonérations d'impôts sur les grandes fortunes.

Le président Obama avait-il le choix ? Sans doute si l'on fait partie des fans du film très populaire aux États-Unis

1. Robert Yoon, CNN Political Research Director, « Goldman Sachs was top Obama Donor », 20 avril 2010 ; http://articles.cnn.com/2010-04-20/politics/obama.goldman.donations_1_obama-campaign-presidential-campaign-federal-election-commission-figures?_s=PM:POLITICS.

2. Jordan Weissmann, « The Incredible Shrinking US Government », *Atlantic*, 5 avril 2012.

Indépendance Day, un modèle du genre où le président, ancien pilote, prend en personne la tête d'une escadrille d'avions de chasse pour sauver le monde attaqué par de très (très) méchants extraterrestres. La réalité est plus sobre. Les présidents américains n'ont pas assez de temps pour continuer l'entraînement requis pour piloter un jet mais, surtout, ils ont moins de pouvoir qu'on ne le pense.

D'abord pour une raison constitutionnelle. Il faut savoir que le Congrès américain, composé de la Chambre des Représentants et du Sénat, a plus de pouvoirs investis que le président des États-Unis d'Amérique, lequel doit constamment négocier avec lui ou plutôt avec ses membres. La Constitution est ainsi écrite, avec le souci de l'équilibre des pouvoirs, de façon que le Congrès ait la latitude de limiter ceux du président. Le Sénat américain notamment joue un rôle prédominant dans la limitation du pouvoir exécutif et en cela il ne peut être comparé au Sénat français : il dispose du pouvoir de confirmation des nominations présidentielles ; à ce titre, il peut refuser la nomination des secrétaires (l'équivalent ou presque de nos ministres), des hauts fonctionnaires, ainsi que des membres de la Cour suprême. De plus, le Sénat peut s'opposer à la ratification d'un traité. Les deux chambres du Congrès peuvent demander le rapatriement de troupes que le président aurait engagées sur un théâtre d'opération étranger. Cela explique que si le parti du président est minoritaire au Congrès, le président des États-Unis d'Amérique devient un quasi-« mendiant » qui doit cajoler le Congrès afin qu'il accepte projets de loi et budget.

Là n'est pas l'essentiel : des présidents démocrates tels Roosevelt ont affronté des Congrès hostiles avec une détermination doublée d'une forte dose de machiavélisme bien compris, sinon nécessaire. On doit à ce dernier l'entrée en guerre des États-Unis en 1941 contre la volonté d'un Congrès farouchement non interventionniste (mais il faut dire que l'attaque de Pearl Harbor aida à convaincre). On peut rêver d'un président Obama de cette trempe, mais selon certains, si tel avait été le cas, il n'aurait pas vécu assez longtemps dans un pays où l'assassinat du président fait encore partie des traditions. Et surtout, lorsqu'il s'est assis pour la première fois dans son bureau de la Maison-Blanche, il y avait déjà dans la place la foule de « conseillers », de lobbyistes, qui arpentent littéralement les corridors du pouvoir et qui ont au moins autant d'influence, sinon plus, sur les décisions du président que les membres du Congrès.

Depuis une trentaine d'années les meilleurs sièges, ceux qui sont tout près de la porte du bureau ovale, sont réservés aux grandes entreprises. Et contrairement à la Chambre des Représentants où l'attribution des sièges change lorsqu'un président est élu, celle des sièges de ce couloir bien particulier change peu. Ce qui ne signifie pas que rien n'a changé. Depuis une trentaine d'années, non seulement les lobbyistes sont plus nombreux mais ils sont aussi plus agressifs dans leurs demandes et plus hardis dans leurs manœuvres légales et illégales pour y accéder.

Et enfin Barack Obama n'avait ni le choix des mots ni celui des idées – ou si peu tant une idéologie devenue propagande imposait partout sa sémantique. Le discours restructuré par l'économisme autour du chiffre et de la métaphore était devenu, à Washington comme dans le reste du pays – et ajoutons l'Europe –, discours unique.

Les lobbyistes

Commençons par le lobbying, qui a aujourd'hui mauvaise presse, mais dont l'activité protégée par le premier amendement de la Constitution américaine doit être comprise comme un exercice démocratique dans une société que l'on a voulue pluraliste, et dans un pays de liberté où la possibilité d'expression pour tous les citoyens est sacrée. Il s'agit de donner, aux multiples regroupements autour d'intérêts communs la possibilité formelle et légale de peser sur les décisions qui les concernent avant que celles-ci ne deviennent budgets ou lois. On retrouve sur ce point l'idée non seulement de l'équilibre du pouvoir mais celle, centrale dans la *psyché* politique américaine, qu'il faut veiller à limiter le pouvoir présidentiel et celui du Congrès. L'un des Pères de la Confédération, le théoricien politique James Madison, était obsédé, tout comme ses collègues, par l'équilibre des pouvoirs. Il pensait notamment que les États-Unis, si vastes, seraient composés de groupes d'intérêts aussi nombreux que variés qui s'équilibreraient les uns les autres et surtout empêcheraient une majorité de faire trop pression sur le Congrès.

Le lobbying se retrouve à tous les paliers de gouvernement (fédéral, régional, municipal, local) mais c'est autour du gouvernement fédéral, on ne s'en étonnera pas, que l'activité est particulièrement fébrile. À Washington, on estime à 13 700 le nombre des lobbies enregistrés, auxquels doivent s'ajouter quelques milliers d'autres non enregistrés. Le *Washington Post* a décrit la capitale nationale comme un lieu « grouillant » de lobbyistes.

Washington est effectivement une ruche en perpétuelle

agitation, où l'on trouve des lobbies représentant des minorités, des guildes marchandes, des fonctionnaires, des multinationales, des groupes religieux, des associations d'artistes, des environnementalistes, bref, tout ce qui fait le riche tissu d'une société dynamique. Tous revendiquent leur droit à l'existence et cherchent à faire valoir leurs aspirations auprès de ceux qui organisent la société en votant des lois appropriées.

Cela dit, les ruches ont leurs reines et toutes les nuées, même ailées, finissent par s'organiser autour de pouvoirs informels. Certains lobbies disposent de fonds quasi illimités et ont, littéralement, pignon sur rue, puisque les plus puissants occupent K. Street, une rue de Washington décrite comme un canyon d'immeubles de bureaux quelconques à quelques pâtés de maisons au nord de la Maison-Blanche et qui est, en termes de pouvoir d'influence, ce que Wall Street est à la finance.

Les enjeux sont si importants que les grandes entreprises n'ont jamais regardé à la dépense, d'autant que l'activité d'un lobby est exonérée d'impôts. Elles ont toutes un but commun : combattre les propositions de régulations ou de lois qui limiteraient leurs empires respectifs et que d'autres lobbies d'intérêt civil cherchent à faire adopter. Citons, parmi les plus puissants, le lobby militaro-industriel où l'on retrouve de grands noms tels Lockheed Martin, Boeing et General Dynamics, suivi du lobby pharmaceutique qui est représenté aux États-Unis plus que dans n'importe quel autre pays. L'agro-business vient en troisième position avec ses géants de l'agriculture tel Monsanto, de l'alimentation tels Kraft et Unilever, du tabac puis celui de l'industrie, suivi de près par le complexe pétrolier, lequel fut particulièrement actif après l'explosion de la plate-forme de BP en 2010 et par le lobby minier qui, dans la même lignée, se bat contre toute restriction environnementale demandée par les lobbies de la protection de l'environnement. Vient ensuite le lobby des nouvelles technologies avec les noms les plus connus : Google, Apple, Amazon et Microsoft, lesquels, contrairement aux précédents qui supportent mal la législation, veulent que le Congrès passe des lois limitant les accès aux avenues qu'ils ouvrent.

Chacun de ces groupes dépense entre 100 et 150 millions de dollars par an, une somme dont les lobbies d'intérêt dit public ne peuvent que rêver. Un état de leurs activités peut être consulté sur des sites comme *Open secrets*[1], mis sur pied par le Center for Responsive Politics, un important groupe de recherche dont le mandat est de suivre les filières d'argent dans le monde de la politique et d'exposer leurs impacts sur les décisions de politique publique. La transparence est de rigueur et on sait qui donne combien à qui et comment, et notamment quelles sommes sont versées pour les campagnes électorales des aspirants à la présidence et à un siège au Congrès.

Ces données sont instructives, mais on en apprend bien davantage si on lit les confessions d'un ancien lobbyiste repenti du nom de Jack Abramoff, *Capitol Punishment*[2]. Il y dévoile le secret de Polichinelle de Washington, expliquant, exemples à l'appui, comment « acheter » non seulement sénateurs ou députés, mais aussi chefs de cabinet et autres adjoints du pouvoir, dont l'influence sur les décisions politiques ne doit jamais être sous-estimée.

Il y a pléthore d'articles et de livres sur ce thème qui n'est somme toute pas nouveau. Ce qui est récent en revanche est le volume de l'achat d'influence (la corruption puisqu'il

1. http://www.opensecrets.org/lobby/top.php?indexType=a.
2. Washington, WNB Books, 2011.

faut l'appeler par son nom) qui fait dire à certains observateurs que, selon les vœux du laissez-faire radical, le secteur privé s'est enfin emparé du secteur politique. Bill Moyers, un des commentateurs politiques les plus respectés de la place, n'a cessé de documenter ce processus, multipliant les interventions dans les médias. Dans un article intitulé « Sauvons notre démocratie en supprimant l'argent de la politique », il déplore le fait que « le lobbying soit devenu une machine à acheter de larges portions des politiques publiques ». Il donne comme exemple celui du fabricant d'ordinateurs Hewlett-Packard, qui en 2004 s'arrangea pour faire passer par les républicains une législation qui lui permettait de ramener aux États-Unis, à un taux d'imposition réduit de façon spectaculaire, 14,5 milliards de bénéfices provenant de filiales étrangères. La société y mit tous ses efforts et doubla son budget de lobbying, embauchant une des firmes les plus influentes. « L'affaire était dans le sac et presto ! » conlut Moyers[1].

Ce n'est qu'un exemple. Mais il y en a tant qu'on y prête de moins en moins attention tandis que le pouvoir de K. Street ne cesse de s'étendre. L'argent a infiltré les deux partis à un point tel qu'on prend pour acquis que les politiciens sont corrompus – le plus grand danger pour une démocratie. Et cela ne fait que corroborer les hypothèses de l'École de Chicago selon lesquelles les députés ne travaillent que pour eux-mêmes. Il est facile alors de proposer que le choix politique ne se fasse plus sur des critères politiques mais de gestion.

De toute façon, ajoutent certains observateurs et non des moindres, républicains ou démocrates ne sont plus les représentants élus du peuple américain, mais les représentants

1. http://archive.truthout.org/article/bill-moyers-a-culture-corruption.

d'un lobby ou de plusieurs lobbies, qu'ils traitent avec un soin particulier parce qu'ils en recevront un salaire différé lorsqu'ils quitteront la politique. Un ancien membre de la Chambre ou du Sénat, même avec peu d'ancienneté, peut maintenant s'attendre à un emploi rémunéré aux environs du million de dollars ou plus par an. C'est attendu et tout le monde le fait.

Soyons plus précis et donnons des exemples. Les noms ne diront rien aux lecteurs français mais les chiffres parleront d'eux-mêmes. « En 2010, l'ancien membre de la Chambre des Représentants, Billy Tauzin, un républicain de Louisiane, a battu les records en recevant un peu plus de 11,5 millions de la part du lobby le plus influent de l'industrie pharmaceutique, la Pharmaceutical Research and Manufacturers of America. En 2009, James Greenwood, ancien membre de la Chambre, républicain de Pennsylvanie, devint PDG et président de Biotechnology Industry Organization juste après avoir pris sa retraite, empochant 1,16 million de dollars, sans compter les bénéfices marginaux. La même année, ce fut le démocrate Daniel Glickman qui reçut 1,33 million de dollars lorsqu'il devint PDG de la Motion Picture Association of America. »

Arrêtons-nous là car la liste est trop longue. « L'Association des anciens membres du Congrès compte 592 personnes et estime qu'il pourrait y en avoir jusqu'à 1 000. Le Center for Responsive Politics a estimé que 370 d'entre elles sont dans le trafic d'influence, dont au moins 285 sont enregistrées officiellement comme lobbyistes fédéraux. Les 85 autres, non officiellement enregistrées, sont décrites par le site Web du centre, OpenSecrets.org, comme donnant des “conseils stratégiques” aux clients de leur entreprise. »

Un livre de Charles Lewis du Center for Public Integrity estime que, de 1991 à 1996, au moins 15 % des anciens assistants et aides au Sénat et au moins 14 % des anciens conseillers de la Maison-Blanche sont devenus lobbyistes. « Sont particulièrement recherchés ceux qui ont travaillé dans des “comités d’argent”, le secteur des services bancaires et des télécommunications. Parfois, les anciens collaborateurs continuent à agir comme membres du personnel, rédigeant des textes de loi, à ceci près qu’ils ne le font plus pour un petit salaire mais pour de grosses sommes d’argent[1]. »

Ce ne sont ni ragots ni tractations d’arrière-chambre. Cela est su au point où le porte-parole d’un des grands syndicats américains (The American Federation of Labor and Congress of Industrial Organizations, AFL-CIO) déclara que son organisation ne voulait plus rien avoir à faire avec le Parti démocrate, parce que, dit-il « certains éléments de ce parti ont travaillé activement pour le compte du gros business[2] ». De l’avis de certains membres du Congrès, on ne devrait même plus parler du sénateur de l’Arkansas ou de l’Ohio ou d’un autre État, mais du représentant de Wall Mart, de Monsento ou Bayers. Ce serait plus honnête.

La jubilation d’Ayn Rand

Ce serait plus honnête mais ne créerait que peu de remous, tant la pratique est non seulement passée dans les mœurs, mais est acceptée comme preuve de « civisme »

1. Elizabeth Drew, *The Corruption of American Politics*, New York (NY), The Overlook Press, 1999 ; http://www.thirdworldtraveler.com/Political_Corruption/Money_Culture_CAP.html.

2. Thomas Edsall, « The Trouble with that Revolving Door », *New York Times*, 18 décembre 2011 ; http://campaignstops.blogs.nytimes.com/2011/12/18/the-trouble-with-that-revolving-door/#.

– ce qui après tout est le message d'Ayn Rand. Rappelons-nous : l'égoïsme lorsqu'il sert la croissance pour soi la crée pour tous.

John Boehner est l'un des exemples les plus flagrants de cette évolution des mentalités. Président de la Chambre des Représentants depuis novembre 2010, il affiche sans honte ses liens avec un cercle de lobbyistes connus, représentant Goldman Sachs, Google, Citigroup, R. J. Reynolds, MillerCoors et UPS, lesquels ont versé des contributions de centaines de milliers de dollars pour ses campagnes électorales, dont celle qui l'a fait élire président de la Chambre. Sans compter les voyages en jet privé, les invitations sans nombre dans des hôtels de luxe et autres cadeaux offerts par ces lobbies pour le plaisir de sa compagnie et en échange d'une aide politique généreusement accordée. Quelques-uns des lobbyistes reconnaissent volontiers qu'ils vont régulièrement chercher de l'aide à son bureau – l'appelant parfois plusieurs fois par semaine – pour faire avancer leur agenda à Washington. M. Boehner les a toujours servis avec diligence.

Lorsqu'on l'interroge sur son éthique en la matière, Boehner s'indigne avec passion. Ses actions, dit-il, ne font que refléter la philosophie pro-business et anti-réglementation qui a toujours été la sienne pendant plus de trois décennies, depuis l'époque où M. Boehner, le fils d'un propriétaire de taverne, dirigeait une entreprise de plastiques dans l'Ohio[1]. Et il a les larmes aux yeux chaque fois qu'il évoque ses humbles origines, au grand plaisir des caméras. Et ce ne sont pas des larmes de crocodile. Il est sincèrement convaincu

1. Eric Lipton, « A G.O.P. Leader Tightly Bound to Lobbyists », *New York Times*, 11 septembre 2010 ; http://www.nytimes.com/2010/09/12/us/politics/12boehner.html?pagewanted=all.

d'être la preuve vivante que, dans un pays vraiment libre, la fortune est possible pour ceux qui croient au secteur privé.

Les autres ont la larme moins facile mais la même émotion traverse leurs discours qui se résument ainsi : si je travaille pour le secteur privé, je travaille pour la croissance et donc pour l'Amérique, combattant si besoin les limites que cherche à m'imposer le gouvernement. Il est de mon devoir envers mes électeurs de me battre contre les régulations qui limiteraient la croissance. À bas le gouvernement ! Vive l'entreprise ! Lorsqu'il se regarde dans le miroir, ce miroir moral du matin dans lequel bien peu de monde plonge les yeux, Boehner ne voit jamais un homme corrompu qui a trahi son mandat, mais au contraire il voit un vrai patriote[1].

Cette conviction est si profonde que certains généraux, pourtant formés au moule du patriotisme-jusqu'à-la-mort, n'ont aucun problème moral à vendre leur expertise, à leur retraite, aux compagnies privées mercenaires. Cela ne soulève aucune indignation. Preuve ultime du succès de cette idéologie : un général peut maintenant dire que s'il fait fortune en vendant ses services à une autre puissance, fût-elle ancienne ennemie, il sert son pays parce qu'il sert la croissance. Machiavel se retournerait dans la tombe qu'on ne lui a pas construite. Car c'est lui, Machiavel, qui a jeté les fondements de l'État moderne en suggérant au Prince d'envoyer les mercenaires sans foi, ni loi, ni droit, en enfer et de créer en leur place des armées de métier pour que l'État trouve enfin un peu de stabilité.

Boehner compte bien être réélu… Il le sera sans doute, car ainsi va le pouvoir des idéologies : une partie de ses collègues et une part importante de la population, médias

1. Elizabeth Drew, *The Corruption of American Politics, op. cit.*

aidant, sont persuadés que la puissance de leur pays passe par celle de compagnies multinationales qui leur apportent la croissance.

Les médias américains ne sont en effet pas restés inactifs face à cet acte de foi randien. Et pour cause : les groupes les plus riches qui peuvent s'offrir les meilleurs lobbyistes veulent pouvoir contrôler ce qui est communiqué par les médias. Et comme ils sont actionnaires de ces médias, leurs intérêts et agendas sont bien représentés.

Une boucle se boucle sur un discours… unique.

Le discours unique

Le linguiste Noam Chomsky consacra sa vie à l'étude d'une forme moderne de propagande à laquelle il a donné le nom, en apparence plus doux mais aussi plus pernicieux, de « discours unique ». Dans *La Fabrication du consentement*[1], publié en collaboration avec Edward Herman, il fait une analyse méticuleuse des cinq filtres de la pensée moderne – qui font ce que font tous les filtres : éliminer ce dont on ne veut pas, afin d'obtenir le produit désiré.

Le premier filtre, la propriété, tient au fait que les agences de presse sont souvent des sociétés géantes (ou des filiales

1. Noam Chomsky et Edward Herman, *La Fabrication du consentement. De la propagande médiatique en démocratie*, Marseille, Agone, 2008 (*Manufacturing Consent. The Political Economy of the Mass Media*, New York (NY), Pantheon Books, 1988 ; http://www.globalissues.org/article/163/media-in-the-united-states).

de celles-ci) dotées de conseils d'administration où l'élite des affaires domine. Le deuxième filtre, celui du financement, vient de la publicité dont dépendent tous les médias. L'approvisionnement, le troisième filtre, permet de réduire les coûts en allant chercher l'information à la source (à la Maison-Blanche ou au Pentagone, qui distillent une information déjà toute préparée). Le filtre pare-balles renvoie à la capacité qu'ont les grandes sociétés à poursuivre en justice… toute information qui leur déplaît. Quant à l'idéologie, c'est le filtre suprême puisqu'elle est la religion de notre temps.

La religion politique du jour, nous l'avons vu, est celle décrite par Harvey Cox : la loi du marché dont les règles sont transformées en dogme du laissez-faire total.

Cette religion s'est installée en deux temps, ciblant deux clientèles, si l'on veut suivre le modèle proposé par Chomsky : la première est la classe politique (elle comprend l'intelligentsia universitaire mais ne se réduit pas à ce seul groupe). Composée d'environ 20 % de la population, elle est relativement bien éduquée, plus ou moins articulée, et elle participe aux décisions politiques du pays. Son consentement étant particulièrement important pour l'idéologie qui nous intéresse, c'est le groupe sur lequel va porter l'effort le plus important d'endoctrinement et ce à travers les médias dont il est friand. Les 80 % restant suivront.

La démarche, nous semble-t-il, a été chronologique. Dans les années quatre-vingt et quatre-vingt-dix, la doctrine du laissez-faire radical envahit, outre le monde universitaire, tout le discours éduqué : ce seront « les années chiffres » où l'on répète les slogans de la doxa de l'École de Chicago, graphiques à l'appui, *via* les filtres médiatiques que sont *The New York Times*, *The Washington Post*, et aussi les chaînes télévisées les plus regardées…

Lorsque la crise économique survint en 2008, on s'occupa des 80 % et la propagande changea de visage : ce seront « les années folles » dans lesquelles se situe l'élection présidentielle de 2012.

Les années chiffres

Les années chiffres vont donc être consacrées à délivrer, à travers les médias appropriés et vers la cible dite politique, quatre messages principaux : la croissance économique, c'est le bien ; le secteur privé est supérieur au secteur public ; imposer les fortunes, c'est tuer la croissance ; couper les programmes sociaux, c'est la restaurer. Tout consommateur doit être libre de ses choix, le règlement, c'est le mal.

Ce message avait été formulé, nous l'avons vu, par l'École de Chicago. Restait maintenant à le divulguer parmi les 20 % de la population décrite par Chomsky, ce qui ne veut pas dire qu'on allait le vulgariser. Loin s'en faut : pour la première fois dans l'histoire des propagandes, le chiffre sous sa forme de calcul économique complexe allait être surexposé pour un plus vaste public.

Il faut dire que le calcul économique est un parfait outil de propagande pour une cible relativement cultivée et donc susceptible de poser un regard critique sur un message trop grossier. Outil parfait parce que les chiffres projetés sont présentés à un public qui respecte la science, comme la science exacte qui s'appelle l'économie. Et pas n'importe quelle économie ! Milton Friedman aimait à répéter, avons-nous dit, qu'il n'y avait pas différentes écoles de pensée économique. Il y avait la science économique exacte qu'il enseignait et celles qui n'étaient pas des sciences.

Les épistémologues qui savent faire la différence entre science exacte et connaissance approximative hausseront les épaules, mais pour le reste de la population, même avertie, la confusion des genres va s'imposer au fur et à mesure que les médias émailleront les discours chiffrés, illustrés de graphiques et d'analyses économiques dûment sélectionnées. Non pas qu'il n'y ait pas débats : il y en eut beaucoup, mais ils ne remettaient jamais en question ni les méthodologies ni les élégantes formules mathématiques fondées pourtant sur des hypothèses sans valeur, reposant sur des données historiques qui ne faisaient plus sens. On ne remettait surtout jamais en question la « désirabilité » d'une croissance à n'importe quel prix.

Ce fut un véritable pilonnage, dans les titres, les contenus et l'espace de plus en plus grand donné aux pages « Économie » dans tous les journaux. Une réalité universelle se créa, faite 1) de mots (PNB, indice de croissance, production, indice boursier…) dont on ne comprenait ni le sens ni qu'ils n'étaient que des hypothèses de travail et 2) de chiffres que l'on comprenait encore moins mais dont on était persuadé qu'ils avaient valeur de preuve scientifique. Des cultes se sont formés avec moins que cela.

Mieux vaut y croire tant le doute supposerait l'effort de dépasser l'angoisse que ressentent le commun des mortels et la majorité de ce public averti devant les équations mathématiques et autres statistiques. Cela vaut également pour les journalistes les mieux versés dans l'analyse critique mais dont le regard devient fuyant lorsqu'on essaie de leur faire comprendre ce qu'est un simple pourcentage ou un point. Cet « illettrisme » du chiffre, comme l'appelle John Allen Paulos, est particulièrement prononcé lorsqu'il s'agit des grands nombres. « Si, explique-t-il, l'on n'a pas une certaine notion des grands nombres usuels, il est impossible de réagir avec le scepticisme qui convient quand on entend annoncer le nombre terrifiant d'un million de petits Américains enlevés chaque année, ou de rester calme en apprenant qu'une ogive transporte une mégatonne d'explosif[1]. » On est encore moins préparé lorsqu'on parle de milliards de dollars ou même de centaines de millions, la monnaie courante des articles écrits sur l'économie. Le vertige qui les accompagne est de deux sortes : le lecteur est soit dépassé et ne pourra appréhender ce que représentent les treize mille milliards de dollars du sauvetage (on tend à oublier le mille) des banques, soit il est plongé dans l'angoisse et croit en la réalité du péril imminent de la dette ou en celui d'une masse de seniors entraînant dans la faillite les États-Unis. L'angoisse et la peur sont le petit-lait de toutes les idéologies dures qui déstabilisent pour reconstruire le monde selon leur conception.

L'autre avantage déstabilisant de l'information par le chiffre, lorsqu'elle se fait déluge, est qu'elle provoque un état d'hypnose. Jacques Ellul a été le premier à comprendre que trop d'informations peut devenir désinformation. Le lecteur ou le téléspectateur étant de moins en moins capable de se souvenir, coordonner ou articuler les milliers de signaux qui lui sont envoyés, il ne peut plus porter de jugement.

Plus important, le chiffre accompagné du signe dollars, devenu LE langage universel, permet de tout normaliser, de tout aseptiser, nous épargnant ainsi d'avoir à poser un jugement moral complexe, multiple, empêtré de considéra-

1. John Allen Paulos, *La Peur des chiffres. L'illettrisme en mathématiques et ses conséquences*, Paris, Ergopress, 1989 ; http://www.lamsin.rnu.tn/manifestations/SITE-TAMTAM-2005/Downloads/tamtam.pdf.

tions culturelles, de traditions et de sentiments personnels. Manfred Steger souligne comment cette prétendue objectivité est utilisée pour présenter la logique du marché comme plus valide que les droits de l'homme, et ainsi les principes du marché pénètrent l'intimité de l'existence sociale. Et l'on n'y peut rien : tout, absolument tout, peut être mis sur le marché, avoir un prix. En d'autres termes, les relations sociales sont présentées comme extérieures, comme des forces naturelles plus puissantes que la volonté humaine, bref des objets de consommation. Lorsque tout a un prix (y compris les actes moraux), le prix est la morale.

Cela fut insidieux au début mais très vite, dans les médias, le signe dollar s'imposa, et apparut au côté de la plupart des noms. On ne parla plus jamais des grands entrepreneurs sans mentionner l'état de leur fortune, preuve ultime de leur excellence et de leur participation à la croissance générale. On les récompense comme des sportifs olympiques en les classant par ordre de fortune dans de nombreux magazines. L'inférence est constante : le nombre de zéros derrière leur chiffre d'affaires est la preuve de l'excellence de leur gestion. De là à dire qu'ils seraient mieux à même de gérer le secteur public, il n'y a qu'un pas qui sera vite franchi.

À l'autre bout du spectre, les assistés sociaux sont présentés comme des coûts, dont le montant donne d'autant plus le vertige qu'ils sont appelés à augmenter. Au début du troisième millénaire, le coût des malades, chômeurs, retraités, handicapés et même des étudiants va envahir les médias, simplifiant à l'extrême le phénomène, mais surtout érodant toute empathie envers ce qui n'est plus qu'un grand nombre. Il n'y a rien de moins empathique qu'un chiffre, surtout lorsqu'il concerne un être humain à mille lieues de nous. Car, n'en déplaise à Kant, la morale n'est pas gravée dans le cœur humain. Notre morale se forme dans la proximité, dans le sens où nous lui obéissons beaucoup moins, si ce n'est plus du tout, lorsque nous sommes en pays étranger. Voltaire y réfléchissait déjà : que ferait-on vraiment, se demandait-il, si on nous donnait la possibilité de nous enrichir en tuant un Chinois que nous ne connaîtrions pas, ne verrions jamais et dont on ne nous parlerait pas, un chiffre parmi d'autres ?

C'est cela le discours unique créé par l'économisme : un discours qui inscrit tout individu, groupe d'individus, ainsi que toutes leurs activités sur la feuille d'un bilan financier.

Et les lettres

Mais le bilan financier, si utile soit-il, n'aurait pas été suffisant pour transformer le discours unique en propagande politique efficace si les stratèges publicitaires des néo-cons n'y avaient ajouté un ingrédient nécessaire : l'émotion. Un chiffre peut susciter l'angoisse mais, les publicitaires le savent, il faut y ajouter ce « quelque chose » pour que l'estomac se noue, l'adrénaline monte, les jambes flageolent, les poings se serrent, et pour que l'on achète un produit ou que l'on vote pour un politique. Une propagande, c'est toujours physique, une organisation corporelle d'émotions. L'économie, avec tous ses chiffres, n'échappe pas à la règle. Il faut que certains bilans financiers nous comblent alors que d'autres nous navrent. Il faut les associer à des mots, des métaphores, des images ou de la musique.

Une propagande, c'est théâtral, c'est un Grand Guignol avec ses bons et ses méchants, ses coups de bâton et ses applaudissements, ses huées et trépignements.

C'est bien parce qu'ils ont compris les règles du Grand Guignol que les stratèges politiques venus du monde de la publicité et embauchés par les néo-cons ont pris une bonne longueur d'avance sur les critiques politiques environnementalistes ou ceux qui tentent de poser des limites au laissez-faire en utilisant force arguments rationnels et savants, citant Chomsky et multipliant les sessions d'information.

Avoir raison ne suffit certes pas, et ils ont commis l'erreur, nous dit le linguiste George Lakoff, professeur à Berkeley, de croire que l'information rationnelle joue un rôle fondamental dans les choix politiques. Cette conviction, largement battue en brèche par les sciences cognitives, les pousse, comme le dit le sous-titre de son dernier ouvrage paru en 2008, à « comprendre la politique américaine du XXIe siècle avec un cerveau du XVIIIe siècle[1] ».

Comme Chomsky, dont il ne partage pas toutes les conclusions, Lakoff s'est intéressé à la structure linguistique, chiffres inclus, du discours politique américain. Mais il y a ajouté la chair. « Il se situe dans le courant de la "philosophie incarnée", dont les représentants les plus connus sont Antonio Damasio en neurosciences, Rodney Brooks en robotique ou Francisco Varela en sciences cognitives. À l'opposé de la pensée cartésienne, les adeptes de cette école affirment que le corps, l'action, déterminent et forgent la pensée, et que celle-ci ne saurait être la production abstraite d'un "système de règles" isolé du monde[2]. »

1. George Lakoff, *The Political Mind. Why you Can't Understand 21st-Century American Politics with an 18th-Century Brain*, New York (NY), Penguin, 2008.

2. Rémi Sussan, *Influences*, 8 mai 2009 ; http://www.lesinfluences.fr/George-Lakoff.html.

C'est dans cette perspective qu'il va s'intéresser à la métaphore. Notre esprit, à travers une structure métaphorique, travaillerait par associations, connotations et émotions au-delà de la logique et du principe de non-contradiction. Ce qui permet de comprendre comment un froid discours économique, un bilan financier ou une courbe d'indices sans fioritures peuvent convaincre les lecteurs du *New York Times* ou du *Washington Post* non pas seulement de lire le bilan financier mais de le *ressentir.* Ce fut simple, et efficace. Pendant deux décennies, dans un climat de peur entretenue et d'angoisse face aux changements, dans tous les médias, qu'ils soient informatifs, éducatifs ou de loisir, on utilisa la métaphore si chargée de sens aux États-Unis : celle de l'obésité. Obésité dont souffraient, disait-on, les organisations, gouvernementales en tête, résultat d'un manque de discipline. Obsession du corps qui s'est laissé aller et puritanisme vont ajouter un long chapitre au livre si profond de Jean Delumeau *Le Péché et la Peur en Occident*[1].

La peur de l'obésité

L'obésité est une métaphore *lourde* de sens, car depuis un demi-siècle environ elle hante les magazines qui, en glorifiant la minceur, font honte à toutes les rondeurs. La métaphore ne tient pas du seul fantasme, puisque le pourcentage des personnes obèses commença à grimper dans les années soixante, touchant le tiers de la population dans

1. Jean Delumeau, *Le Péché et la Peur. La culpabilisation en Occident (XIIIe-XVIIIe siècles)*, Paris, Fayard, 1983.

les années quatre-vingt aux États-Unis. Cela provoqua un de ces pilonnages d'information dont nous parle Jacques Ellul. Ceux qui ont vécu outre-Atlantique comprennent la charge émotionnelle particulière qu'elle porte. Ainsi « des jeunes filles ont indiqué, dans une enquête sur le sujet, qu'elles avaient plus peur de grossir que d'avoir un cancer, de vivre une guerre nucléaire ou même de perdre leurs parents. Une jeune fille sur dix déclara qu'elle avorterait si elle savait à l'avance que son enfant souffrirait d'une tendance génétique à grossir[1] ». Ces cas sont extrêmes, mais l'angoisse n'est pas réservée aux jeunes filles ni au jeune âge. Tout le monde partage l'angoisse devant ce qui est devenu le péché moderne.

Un péché auquel s'ajoute un dégoût envers ceux qui y succombent particulièrement : les plus pauvres. Dans un livre remarquable sur le *social stigma* de la graisse dans la culture américaine, Amy Erdman Farrell explique l'évolution politique de la métaphore. Pendant le XIXe siècle et au début du XXe, les représentations culturelles des personnes grasses changèrent. On passa du *gros richard* (*fat cat* en anglais) – ventru, riche, obsédé par l'argent – à la personne obèse, pauvre et ordinaire, incapable de se contrôler et de résister aux tentations de la société d'abondance. L'obésité devint une marque de dépendance[2].

Du temps du David Copperfield de Dickens, lorsque la maigreur était signe de pauvreté, les misérables n'avaient

1. Lisa Berzins, *Dying to be Thin. The Prevention of Eating Disorders and the Role of Federal Policy*, APA co-sponsored congressional briefing, USA, 11/1997 ; Laura Fraser, *Losing it. America's Obsession with Weight and the Industry that Feeds on it*, New York (NY), Dutton Press, 1997.

2. Amy Erdman Farrell et John S. Saul, *Stigma and the Fat Body in American Culture*, New York (NY), New York University Press, 2011.

rien à manger. Mais aujourd'hui, les pauvres sont gros et pour une raison très simple, selon une des meilleures enquêtes sur le sujet : « Quand elle dispose d'une quantité limitée d'argent chaque mois, la mère de famille achète des calories, des glucides et des aliments riches en matières grasses. Ces types d'aliments, tels que hamburgers, beignets, pizzas, snacks salés offrent le plus d'énergie aux coûts les plus bas. De plus ils apportent satiété et plaisir. Cependant, ils ont la plus faible valeur nutritionnelle et sont riches en calories. En fait, ces personnes obèses sont en surpoids, mais sous-alimentées[1]. »

Revenons à l'individualisme fondateur de l'École de Chicago. Tout individu a le choix et l'on doit lui laisser cette liberté de choix. Le pauvre a le choix de son alimentation, comme tout le monde. Mais si l'on fait remarquer qu'il est plus facile de trouver des mitrailleuses ou de la cocaïne que des tomates fraîches dans certains quartiers de New York, les tenants de ce principe haussent les épaules. Pour eux, chaque individu a la responsabilité de lui-même et de ses choix y compris la mère de famille qui cherche à nourrir ses enfants mais aussi l'enfant de quatre ans à qui l'on ne doit pas refuser de choisir d'acheter ou de ne pas acheter des sucreries dans les seuls appareils distributeurs de son école. Le pauvre choisit son obésité.

L'obèse pauvre ne peut s'en prendre à la société et demander de l'aide de l'État pour ce qui relève de son manque de volonté et de contrôle de soi, et qui fait la preuve de son infériorité psychologique. Ainsi toute une

1. *Obesity and Poverty. The Poorest of US also Weight the Most*, 21 juillet 2005 ; http://voices.yahoo.com/article/5576/obesity-poverty-poorest-us-also-weigh-the-3965.html.

logique se construit : les pauvres méritent d'être gros. Ils méritent donc d'être pauvres.

Quel rapport avec le gouvernement, les grandes corporations et la mondialisation ? Tout. Pendant vingt ans, les chiffres, pourcentages et autres statistiques accompagnés du mot *fat* (gros), si chargé d'affect, sont revenus comme un leitmotiv dans tous les magazines, journaux et autres titres à prétention économique et politique, structurant le discours selon trois thèmes : le poids de la dette, l'obésité de la bureaucratie, la nécessité d'un régime.

Poids de la dette

La première cible de la campagne fut l'excès de poids de la dette, excès facilement prouvé sur la balance fiscale et que l'ère Reagan transforma en honte nationale. On la pesa non pas sur une balance mais grâce à une horloge de la honte. En 1989, un riche Américain installa près de Time Square *The National Debt Clock* qui chaque minute affiche la dette nationale brute américaine et ce qu'il en coûte à chaque famille (on la déplaça ensuite sur la 6e Avenue, au cœur de Manhattan). À l'époque la dette s'élevait à près de 3 000 milliards de dollars et elle n'a cessé d'augmenter. Qui regarde l'horloge tous les matins ? Sans doute peu de monde, mais elle est là et le chiffre est repris par tous les journaux qui évaluent sans arrêt le gouvernement, lequel, on l'aura compris, manquant de rigueur et de contrôle, est trop gros. Il va mourir d'une crise cardiaque s'il ne se met pas au régime.

La métaphore semble appropriée. On grossit lorsqu'on consomme trop de calories par rapport aux dépenses d'énergie (en réalité, le phénomène est beaucoup plus compliqué que cela). Le déficit public apparaît lorsque les produits (les recettes fiscales essentiellement) sont inférieurs aux charges (dépenses budgétaires essentiellement) des administrations publiques, autrement dit lorsqu'il y a excès de programmes sociaux, obligeant l'État à emprunter et à relever les impôts. Il lui faut maigrir.

Poids de la bureaucratie

C'est sur ce point que la métaphore de la graisse va permettre à l'idéologie du laissez-faire de changer le monde en faisant de l'État-nation protecteur et des grosses entreprises paternalistes des corps sociaux graisseux répugnants qui n'assurent aucune réelle protection. Seule la croissance peut protéger les individus, en les rendant autonomes. Il sera répété *ad nauseam* dans tous les médias qu'il faut tailler dans le gras (*the fat*) des bureaucraties (toutes les bureaucraties) partout où elles se sont installées, que ce soit dans les gouvernements ou dans les grandes entreprises du privé qui, avec le temps, géraient leurs ressources humaines comme un mini État-providence, avec ses plans de pension et autres assurances, perçus désormais comme des tueurs de croissance.

L'ère du *downsizing* avait commencé. Le mot anglais conserve la métaphore qui se perd dans la traduction française de *réduction des effectifs* (il est vrai que cela parle moins que l'expression très imagée employée par un ministre de l'Éducation nationale français qui souhaitera en 1997 « dégraisser le mammouth » en parlant de son ministère). *Downsizing* signifie littéralement *réduction de taille* et donc amaigrissement, un mot positif dans une culture où la graisse est objet de répulsion. Tout le monde veut perdre une taille ou deux, avec pour récompense non seulement la beauté mais une croissance renouvelée d'énergie : pendant vingt ans, il ne se passera pas deux semaines sans qu'un magazine (pas seulement féminin) ne mette en couverture une proposition à cet effet, émise par un expert en blouse blanche qui, chiffres à l'appui, développe tout un programme. Pendant plus de vingt ans (et cela continue aujourd'hui) on ne parlera que d'ôter le gras de tout ce qui a un corps : les organisations privées ou, bien entendu, l'État. Le privé allait donner l'exemple au public.

Les dirigeants des compagnies privées furent particulièrement enthousiastes à l'idée de mettre leurs propres organisations au régime et éliminer ces couches d'employés qui s'entassent là où la graisse est dangereuse : au milieu, au niveau des cadres moyens, sur le ventre des entreprises. L'avantage pour l'organisation était non seulement la vie sauve mais une énergie renouvelée afin de faire face à la compétition nationale ou mondiale. L'association émotionnelle qui accompagne la métaphore n'est pas ici esthétique, mais guerrière : celle de la guerre économique. On ne peut aller au combat quand on est trop gros. Les Spartiates le savaient et se préparaient bien (même s'ils ont perdu… mais c'est une autre histoire).

Car les métaphores sont, comme George Lakoff ne cesse de nous le rappeler, faites d'associations puissantes dans ce lieu de l'esprit où les applaudissements crépitent et les huées retentissent. Au lendemain de l'annonce chez AT&T d'une réduction massive de 40 000 emplois, ses actions en Bourse ont bondi en une journée de 2,63 dollars à 67,38 dollars. *Avant* l'annonce des mises à pied, la valeur en Bourse d'AT&T s'élevait à 1,59 milliard. *Après* l'annonce, on a calculé que l'effet psychologique a ajouté 4 milliards de dollars à la valeur des actions. Ce n'est qu'un exemple parmi de nombreux autres. Ce début des années quatre-vingt-dix marqua une période dite de culture de brûlis (*slash and burn*) dans toutes les grandes compagnies (par exemple IBM supprima 50 000 emplois en 1993, Sears Roebuck en supprima 30 000 la même année. Digital Equipment se contenta de 17 000 emplois l'année suivante). Chaque annonce suscite l'enthousiasme dans les journaux financiers et les applaudissements de leurs lecteurs, désormais convaincus qu'il leur faut maigrir pour conquérir le monde.

Lorsqu'il s'est agi des entreprises privées, la métaphore fut utilisée de façon sévère mais relativement peu agressive, du moins dans un premier temps. Il s'agissait de maigrir pour des raisons de santé. Lorsque le tour des institutions publiques arriva, le ton monta. D'abord ce fut un déluge, le mot *gouvernment* s'accompagnant une fois sur deux du mot *fat*. Les bureaucrates devinrent, une fois sur quatre, des *fat cats*. Ce fut constant et lancinant, mais c'est ainsi que les réalités se forment dans l'esprit des humains. Ensuite les suppressions ne furent pas demandées mais elles furent exigées. Tout candidat à une position officielle, quel que soit le parti qu'il représentait, devait afficher un projet d'amaigrissement brutal et rapide des programmes et des institutions dont il était responsable.

Ce n'était pas la première fois que l'on suggérait d'user du *knout* sur les serviteurs les plus méprisés de tous : ceux de l'État. Cela date de Juvénal et même, selon certains experts, des Assyriens. C'est une bien longue histoire dans laquelle nous n'entrerons pas ici[1]. On traita les fonction-

1. Nicole Morgan, *Implosion. Analyse de la croissance de la fonction publique fédérale canadienne (1945-1985)*, Montréal, Institut de recherches politiques, 1986.

naires parfois bien, parfois très mal, on les décora, on les maltraita, on les insulta mais, sur le long terme, prenait place ce que Max Weber a appelé un « processus de rationalisation sociale », autrement dit un processus qui construisit finalement l'ossature du corps de l'État moderne. Les demandes de réformes, quelquefois nécessaires, ne touchaient pas l'ossature.

À partir des années du *downsizing*, ce n'est pas tant un amaigrissement – des réformes – que l'on demandait, mais la mise à mort du corps de l'État. L'État lui-même était dépeint comme la graisse du pays, parasite et dangereux. On demanda non pas des réductions mais un abandon de prérogatives. On appela cela privatisation.

La réjouissance atteignit des niveaux extrêmes chez ceux auxquels les suppressions bénéficiaient immédiatement : les dirigeants des entreprises, les actionnaires et les institutions financières. Le mot « immédiatement » est important car des fortunes instantanées se sont ainsi faites sur un symbole. Que les coupes soient nécessaires ou pas, qu'elles soient saines ou entaillent jusqu'à l'os, elles paient, et bien, en Bourse !

On entre ici dans un domaine virtuel, le domaine bancaire et boursier, où les possibilités sont décuplées par les nouvelles technologies qui calculent risques et potentiels en nanosecondes. On entre dans un monde dont toutes les entreprises sont tributaires grâce aux nouveaux marchés et aux dérégulations.

C'est un univers de chiffres mais ce n'est un secret pour personne qu'un mot suffit pour y déclencher panique ou euphorie. C'est un monde émotionnel intense, toujours agité, jamais stable. Le nombre d'or, si cher à Aristote, n'existe pas à Wall Street, parce que le mécanisme spéculatif fait tout à l'excès. On n'est pas dans ce qu'on appelait un monde d'affaires où, dans le silence de son bureau, il fallait planifier ses alliances. Peur, panique, exaltation se jouent à la seconde et dans le bruit.

Le phénomène est nouveau : l'agitation de Wall Street nécessite d'user d'un vocabulaire tout trouvé, celui de la guerre. Il est utilisé aujourd'hui à une telle échelle qu'on ne remarque plus que les métaphores guerrières, appliquées à l'ensemble des échanges humains, créent une réalité dangereuse. Et c'est ce que fit une autre métaphore qui ne voulait rien dire mais qui agita beaucoup : la « guerre contre la terreur ».

La guerre économique

L'agitation monta d'un cran au cours des années quatre-vingt. Il ne suffisait plus aux entrepreneurs de suivre un régime spartiate pour les préparer aux combats de la concurrence, on leur demandait de faire une purge et de débarrasser les États-Unis, selon le vœu d'Ayn Rand, de tout ce qui n'avait ni la forme ni la détermination « morale » pour être un bon entrepreneur et affronter les concurrences. Cette détermination fut baptisée du mot anglais qui lui va si bien, *greed*, difficile à traduire en français. « Avidité » ne rend pas la violence phonétique du mot anglais. Mais du moins peut-on en apprécier visuellement la force en regardant le visage de Michael Douglas qui prêta son talent au film *Wall Street*, évoqué plus haut. Il y incarne un agent de la finance du nom de Gordon Gekko (le nom fait référence à un type de lézard au cerveau reptilien, reptile qui apparaît furtivement à deux reprises dans le film). C'est un courtier grimaçant d'agressivité qui, dans un discours célèbre, fait de l'avidité sans limites le moteur d'une guerre sans pitié qui purge la planète des plus faibles pour le plus grand bien de tous.

Écoutons son discours devenu un discours culte : « L'avidité c'est bon, ça marche. L'avidité ça purifie, ça va jusqu'au plus profond de l'esprit de l'évolution. L'avidité sous toutes ses formes, l'avidité rapace de vie, d'amour, de savoir a été là, bien présente, chaque fois que l'humanité a évolué. L'avidité ne va pas seulement sauver une compagnie mais cette autre grande corporation dysfonctionnelle qu'on appelle les États-Unis d'Amérique. Merci ! Merci beaucoup ! »

Ce n'est qu'un exemple : en quelques années, les métaphores guerrières vont renouveler tout le langage du monde des affaires au point que ce dernier n'est plus capable d'employer les mots coopération, échange ou solidarité. On ne parle plus de prix mais de « guerre des prix », de publicité mais de « campagne de publicité », on parle d'officiers, de quartiers généraux, de cibles, de chasseurs de têtes, de conflits, de défaites, de captures, de menaces. La liste est si longue qu'elle recoupe pratiquement tout le champ de la vie économique.

L'hostilité envahit le petit monde des affaires si tranquille d'Adam Smith : on y parlait un autre langage mais c'était le temps où les champs de compétence – entre guerriers et entrepreneurs – étaient bien distincts. Ce mélange des genres n'est pas simple poésie. George Orwell ne le savait que trop bien, lui qui dans *Politics and the English Language* nous avertit que ces emprunts de langage signifient mélanges ou glissements des pouvoirs.

Le phénomène est d'autant plus important qu'en quelques années il y a eu escalade. *Via* la métaphore guerrière, le monde des affaires s'est approprié le droit ultime, selon

Weber, du pouvoir politique : celui d'utiliser légitimement la force. Être entrepreneur, c'est tuer pour posséder.

Revenons à Gekko et son discours qui révèle tout : « Un pour cent des gens, les plus riches de ce pays, dit-il, possèdent la moitié de la richesse de notre pays, cinq mille milliards de dollars. Un tiers vient de leur dur labeur, les deux autres tiers viennent des héritages, des intérêts sur les intérêts que touchent les veuves et les fils idiots et de ce que moi je fais : de la spéculation boursière et immobilière. C'est des conneries ! Je ne crée rien. Je possède. C'est nous qui faisons les règles, mon pote. Les nouvelles, la guerre, la paix, la famine, les bouleversements, le prix des trombones pour papier. C'est nous qui faisons sortir cela du chapeau alors que tout le monde se demande comment diable nous l'avons fait... C'est ça le monde libre. Et tu en fais partie. Tu as cet instinct de tueur. Reste dans les parages, mon pote, j'ai encore beaucoup à t'apprendre. »

Le film voulait être une critique de Wall Street, ivre de pouvoir et qui ne connaît plus ses limites, mais le message de Gekko fut pris très au sérieux par ceux qui firent la première page d'un numéro de *Newsweek* paru en 1996 : « The Corporate Killers ». Dans l'article on commence à déplorer timidement le phénomène : « Il fut un temps où mettre ses employés à pied était une honte. Aujourd'hui, plus on en renvoie, plus Wall Street applaudit. » Les protestataires sont rares il est vrai, tant, en 1996, lorsque cet article est écrit, l'idéologie des parasites à éliminer pour le plus grand bien de tous est bien ancrée. On en redemandait alors et les cotes d'écoute étaient élevées pour l'émission réalité du milliardaire Donald Trump intitulée *L'Apprenti !* Celui-ci observait pendant un temps de jeunes postulants à un emploi dans une de ses compagnies. À la fin de l'émission le verdict tombait. Tel Néron abaissant son pouce face au gladiateur trop faible, Donald Trump pointait son index sur les candidats éliminés en criant « *You are fired !* » (Vous êtes viré !). C'était plus que de la bonne gestion tant il y prenait un plaisir évident.

Trump et ses guerriers avaient une large audience. Une visite sur les sites web consacrés à l'instinct de tueur et à l'art de la guerre des affaires enseigné par Sun Tzu nous permettra de comprendre pourquoi il fut tant admiré et a obtenu le soutien de tout un groupe d'entrepreneurs et de citoyens lorsqu'il a brigué le poste de président des États-Unis. Sa plate-forme électorale était simple : débarrasser sans pitié le pays des parasites et incompétents qui le paralysent et laisser faire les entrepreneurs comme lui qui osent prendre des risques.

Le courage du risque est la dernière des grandes qualités dont les mérites vont être vantés dans tous les magazines et livres d'économie et qui va être directement récompensée par des bonus et salaires qui atteindront des sommets célestes. Nous quittons là les métaphores guerrières pour celles de l'Olympe.

En effet, en 1998, Peter Bernstein publia un livre intitulé *Plus forts que les dieux. La remarquable histoire du risque*[1]. Ce récit relate l'odyssée intellectuelle qui réussit à libérer l'humanité du pouvoir des oracles et des devins, grâce aux méthodes de gestion du risque. On y croise tour à tour des philosophes grecs et des mathématiciens arabes, des marchands et des scientifiques, des intellectuels célèbres et des amateurs inconnus mais passionnés, qui tous aidèrent à mettre au point les méthodes modernes grâce auxquelles

1. Peter L. Bernstein, *Plus forts que les dieux. La remarquable histoire du risque*, Paris, Flammarion, 1998.

le sentiment d'impuissance face au destin a cédé la place au choix éclairé.

L'ouvrage est intéressant et piquant, mais ce qui est le plus fascinant, c'est qu'il a été écrit pour les investisseurs financiers par un investisseur financier. Passé les premiers chapitres, il ne s'agit plus que de finances. Son succès fut sans précédent dans les milieux boursiers où son titre en fit vibrer plus d'un :« plus forts que les dieux » – une phrase à ne pas dire à des hommes déjà ivres de leurs conquêtes. La gestion du risque dans le monde de la finance en perdit tout contact avec la réalité[1].

On pouvait faire des fortunes à partir de rien en quelques minutes, sur un mot, un symbole, et surtout en prenant des risques extrêmes. Un ancien de Wall Street, Saryajit Das, a essayé de décrire dans un livre au titre évocateur, *Extreme Money. The Masters of the Universe and the Cult of Risk*[2], cette atmosphère présente sur tous les marchés boursiers.

Et l'on pouvait devenir maître de l'univers pour le bien de l'univers, puisque l'École de Chicago l'avait dit. Même après la crise économique de 2008, se lamente Paul Krugman, la plupart de ceux qui sont au pouvoir associent encore le mot finance à celui de progrès. Les risques payent encore trop bien pour ne pas les prendre tous, d'autant que ceux qui les prennent ne sont pas ceux qui en paient les conséquences.

Les nouveaux guerriers n'étaient-ils pas, après tout, plus forts que les dieux, sans peur, sans graisse, sans reproche, ni faiblesse ?

1. Robert J. Shiller, *Finance and the Good Society*, Princeton (NJ), Princeton University Press, 2012.

2. FT Press, 2011.

Les chevaliers sans peur et sans reproche

Remontons cinq cents ans en arrière et parcourons ce « pays de la peur » que nous dévoile Jean Delumeau dans son remarquable ouvrage *La Peur en Occident*[1]. On avait toutes les raisons alors d'être terrifié : « peurs eschatologiques, du satanisme, de la menace musulmane à l'antisémitisme, de la diabolisation de la femme (fin XVIe, début XVIIe siècle surtout) aux grandes répressions de la sorcellerie ». Au fil de certains passages affleurent les luttes des classes sociales, où la peur de l'hérétique se mêle à la peur du pauvre dans les classes dirigeantes, où les peurs des masses paysannes mêlent éléments irrationnels (l'enfer) et très matériels (les percepteurs d'impôts et les prêcheurs...).

Fit son entrée Pierre de Terrail, seigneur de Bayard (1470-1524), passé à la postérité sous le nom du « chevalier sans peur et sans reproche ». Il mérita sans doute ces qualificatifs, mais il fut aussi, nous dit Jean Delumeau, une création mythique relevant plus de l'ordre de la manipulation – tout inconsciente fût-elle – que de celui de l'aspiration spirituelle. Bayard, en effet, arrivait à point nommé, à une époque où la première « économie monde » occidentale brisait l'armature féodale et où un pouvoir royal centralisé installait ses assises terriennes et idéologiques. Aux paysans encore « protégés » par le féodalisme, l'on répéta qu'ils étaient « couards », « apeurés », « lâches », « poltrons », « incapables de survivre par eux-mêmes et de se défendre ».

1. Jean Delumeau, *La Peur en Occident (XIVe-XVIIIe siècles)*, Paris, Fayard, 1978.

Ils le crurent : l'image d'un chevalier vertueux et pur caracolant sur un cheval blanc, hors féodalité, serviteur du roi, oint par Dieu, devint la métaphore qui parla à toutes les énergies et forces en présence. Métaphore contagieuse dont tous les princes profitèrent : « La littérature des chroniques est [...] intarissable sur l'héroïsme de la noblesse et des princes, ceux-ci étant la fleur de la noblesse. Elle les présente comme imperméables à toute crainte [...] Aussi bien la mort du [chevalier Bayard "sans peur et sans reproche"] met-elle toute la noblesse en deuil[1]. »

Un contrat virtuel fut signé entre les détenteurs d'un courage moral et les paysans qui se regroupèrent ainsi autour d'un pouvoir central et structurant qui s'installa pendant cinq siècles. Quand le temps des désignations viendra, on l'appellera « l'État-nation ». Lequel est en train, peut-être, de perdre son pouvoir pour d'autres chevaliers sans peur certes mais avec bien des péchés à leur actif.

L'un d'entre eux et non des moindres étant d'avoir précipité le monde dans une crise économique.

1. *Ibid.*, p. 14-15.

QUATRIÈME PARTIE

La peur et le péché en Amérique

Garde-fous et délire

Sans garde-fous, l'idéologie du risque qui récompense ceux qui les prennent se transforma en folie spéculative sur les marchés boursier et immobilier. On joua gros et très gros. Les années 1990 ont vu l'apogée d'un marché optimiste, à l'« d'exubérance irrationnelle » pour reprendre les termes d'Alan Greenspan. L'Américain moyen commença en effet à croire que le marché boursier était l'endroit idéal pour faire un profit rapide et facile. La croissance apparemment infinie donnait l'impression que les investissements étaient presque sans risque. Toute une idéologie, nous l'avons vu, avait préparé le terrain. Tout le monde se mit à parler « stocks » et les néophytes envahirent le marché.

Alors que, dans les années cinquante, 10 % seulement des Américains avaient de l'argent placé sur le marché boursier, le pourcentage passa à 34 % en 1995 et dépassa les 50 % en 2001. La plupart des sommes ainsi investies venaient du fonds de retraite privé appelé Plan 401(k) qui est le système d'épargne-retraite des États-Unis. Il tire son nom de la section 401(k) de l'*Internal Revenue Code*, texte principal du droit fiscal américain. Il permet d'épargner pour sa retraite en défiscalisant le capital et ses revenus jusqu'au retrait de cette épargne. Des retraits peuvent être effectués et le plan peut être liquidé à tout moment avant l'âge limite (59 ans et demi), mais les sommes retirées sont alors taxées de 10 % en sus de l'imposition.

Les épargnants sont libres de choisir de quelle manière leur capital est placé. Ils délèguent souvent leur épargne à des fonds de placement ou à des fonds de pension, ce qui signifie que leur épargne retraite est investie dans des actions ou des obligations. Dans la plupart des grandes entreprises cotées en Bourse, les employés peuvent souscrire à des actions de la société pour laquelle ils travaillent au titre de valeurs d'épargne retraite. Dans certains cas, ce système se montre profitable, voire extrêmement lucratif, dans d'autres il peut mener à des situations difficiles (lorsque Enron a fait faillite, les employés virent leur retraite partir en fumée).

Jusqu'à ce que le marché s'emballe dans les années quatre-vingt-dix, le Plan 401 avait ses risques mais se gérait tranquillement, les Américains plaçant leurs fonds dans des bons municipaux garantis ou des bons du Trésor ou ce qu'on appelle des valeurs boursières sûres, surtout à l'approche de leur retraite, lorsqu'ils ne voulaient plus prendre de risques en Bourse.

Tout bascula lorsque la folie du risque fit miroiter la possibilité de retraites dorées dès l'âge de 50 ans. Les publicités télévisées étaient toutes construites autour de deux images : celle de la bonne gestion et celle de la vie de millionnaire. Première image : un super couple aux cheveux grisonnants (à peine) avait l'intelligence d'aller voir un agent financier qui plaçait toutes leurs économies sur la promesse d'un retour de 20 % (parfois plus, selon les risques). Deuxième image : la vie de millionnaire stéréotypé, avec terrains de golf, voyage en Italie et dîners somptueux.

Les publicités étaient efficaces. En 1995, les Américains investirent plus d'une centaine de milliards de dollars de leurs fonds de pension, souvent dans des fonds mutuels de placement. À la fin de l'année 2000, il y avait plus d'argent dans des fonds mutuels qu'il n'y en avait dans le système bancaire dans son ensemble. Selon une étude, ils placèrent leur argent dans ces investissements « avec une ferveur quasi religieuse, en croyant qu'ils allaient tous devenir extrêmement riches. L'Internet a largement contribué à la frénésie, principalement parce que le succès des entreprises virtuelles qui avait alimenté la croissance folle du marché avait aussi créé l'illusion de l'argent facile. Amazon.com a lancé le bal en 1995, lorsque son offre publique d'actions a doublé la valeur de l'entreprise au premier jour de cotation[1] ». Le boom de l'Internet, est-il précisé, mit le marché boursier à la portée de la classe moyenne américaine, donnant à tous un bien meilleur accès au butin. Dans le passé, s'impliquer dans le marché boursier signifiait appeler un courtier, demander des prix et des conseils, et laisser les gestionnaires du portefeuille se soucier des négociations, de la diversification et de la gestion du risque. Dans les années quatre-vingt-dix, E*Trade et Ameritrade offrirent des services de courtage en ligne. Cela permettait à n'importe qui ayant accès à l'Internet d'ouvrir un compte et d'acheter des stocks à volonté, sans l'aide d'un professionnel. Les gens devenaient leurs propres courtiers. Selon Cassidy, 800 000 Américains avaient des comptes en ligne, qui ne connaissaient absolument rien

1. Jacob Gibson, *How Investing Became Cool* ; http://web.mit.edu/cultureshock/fa2002/jacob_2.htm.

au marché boursier quelques années auparavant. Certains se mirent à échanger des conseils autour des barbecues et prirent des actions comme on achète des billets de loterie[1]. Dans le doute, si tant est qu'il y en eût, on pouvait consulter en ligne ou regarder des chaînes de télévision consacrées uniquement aux fluctuations du Dow Jones. Des fortunes se faisaient grâce au *day trading*. Bref, le marché boursier était descendu dans la rue.

Et il descendit dans la rue au sens propre, une rue bordée de maisons dont les prix grimpaient de manière si vertigineuse que le secteur immobilier passa dans une bulle spéculative, happé par la synergie d'un vortex. Simon Johnson, Nouriel Roubini, Joseph E. Stiglitz, Michael Hudson, James Galbraith et Paul Krugman ont tous démontré l'impact qu'eurent les dérégulations successives sur la bulle immobilière[2].

Paul Krugman notamment remonte aux années 1970 qui sonnèrent le glas de ce qu'il appelle l'ère des pratiques bancaires mortellement ennuyeuses certes, réglementées comme du papier à musique, et donc tout à fait solides. Sous les auspices des Chicago Boys et de la dérégulation promue par Reagan, les activités de certaines banques devinrent quasi frauduleuses. Dans les décennies qui suivirent, plus de 2 000 d'entre elles firent banqueroute, entraînant dans leur chute les économies de petits épargnants. Celles qui

1. *Ibid.*

2. Citons quelques livres des plus intéressants, tous publiés en 2010 : Simon Johnson et James Kwak, *13 Bankers. The Wall Street Takeover and the Next Financial Meltdown*, New York (NY), Pantheon ; Nouriel Roubini et Stephen Mihm, *Crisis Economics. A Crash Course in the Future of Finance*, New York (NY), Penguin ; Joseph E. Stiglitz, *Freefall. America, Free Markets, and the Sinking of the World Economy*, Londres, W.W. Norton & Company.

survécurent, dont les plus grandes, se précipitèrent dans une fraude massive.

L'attrait du risque atteignit en effet un paroxysme avec les prêts dits *subprimes* qui en 2006 représentaient 23 % du total des prêts immobiliers souscrits. Le crédit *subprime* c'est la roulette russe du prêt, la vodka en moins. « Il est accordé à des emprunteurs moins fiables dont on exige, en compensation, un taux plus élevé ; pour le prêteur le risque est plus fort mais le rendement plus intéressant ; enfin, encore plus risqué mais de rendement encore meilleur, on trouve la catégorie “junk”. Pour qu'un crédit *subprime* reste intéressant pour l'emprunteur, des montages sophistiqués avec des taux variables et des produits financiers complexes pouvaient permettre de maintenir des taux bas en début de prêt, au moins pendant une année. Ensuite ils montaient et souvent très haut[1]. »

Pire, les banques ne gardèrent pas les hypothèques comme c'était la tradition. Profitant des dérégulations, elles les consolidèrent sous la forme d'obligations adossées à des actifs (*Collateralized Debt Obligations*), puis les mirent sur le marché. Plus personne n'était propriétaire. Les murs des maisons étaient faits de nuages.

Les banques prêtèrent donc tant et plus à n'importe qui en faisait la demande, dont des proies faciles que les courtiers allaient solliciter chez elles et parfois même directement dans la rue. Les formulaires de prêts étaient compliqués et il était difficile de lire certaines clauses du contrat, écrites en lettres microscopiques, qui stipulaient que les taux d'intérêt monteraient après une année. À ceux qui savaient lire et compter, on répondait que, si les paiements devenaient difficiles, il leur serait possible de

1. http://fr.wikipedia.org/wiki/Subprime.

revendre la propriété avec une telle marge de profit qu'ils en sortiraient gagnants. Les courtiers ne cessaient de répéter qu'il n'y avait aucun risque, sinon celui de devenir riche rapidement. De fait, eux s'enrichirent très rapidement. Les courtiers touchaient une commission à la signature de chaque hypothèque.

La « main invisible » faisait tomber une manne qui se comptait en milliards de dollars sur les grandes sociétés de crédit hypothécaire et les banques. Avant le krack boursier, New Century, Option One, Fremont, Washington Mutual, Franklin, RFC, Lehman Brothers, WMC Mortgage et Ameriquest avaient signé 59 % de tous les prêts *subprimes*, soit un montant total de 284 milliards de dollars… Selon le *New York Times*, la deuxième plus grande banque de Chine, la Bank of China Ltd, avait participé aux fonds communs des *subprimes* américains en avançant 9,7 milliards de dollars.

L'idéologie du risque fonctionnant à plein rendement, le « ça me suffit ! » ne suffisait plus et de nombreux retraités re-hypothéquèrent leurs maisons dont ils pensaient que la valeur allait doubler dans les cinq ans. D'autres qui n'arrivaient pas à boucler leurs fins de mois aspirèrent à la propriété, et c'était d'autant plus tentant que le montant des mensualités hypothécaires équivalait à leurs loyers. Des couples prirent des hypothèques à la limite de la survie afin d'acheter la maison de leurs rêves qui, leur promettait-on, serait le meilleur investissement de leur vie. De jeunes entrepreneurs firent l'acquisition de plusieurs propriétés qu'ils rénovèrent afin de les vendre en l'espace de quelques mois, parfois au double du prix d'achat. Quant aux nantis, ils furent plus convaincus que jamais de la nécessité de prendre des risques de plus en plus élevés.

Ajoutons au tableau cet élément essentiel : les suppressions d'effectifs dans le secteur stable par excellence de la fonction publique augmentaient les risques d'insolvabilité. Comme nous l'avons vu, la classe moyenne aux revenus réguliers et garantis par les emplois du secteur public ou au sein des grandes entreprises disparaissait, ce que l'on déplorait mais jugeait nécessaire et temporaire. Le pouvoir de l'idéologie, qu'on n'aurait jamais remis en doute, sciait la branche sur laquelle on était assis. Les intéressés quittaient d'eux-mêmes une sécurité trop tranquille pour prendre le risque de travailler à leur compte. Les cadres moyens ou supérieurs embrassèrent le statut vague mais devenu prestigieux de consultant, avec l'enthousiasme de ceux qui quittent une prison. Certains cadres supérieurs proposèrent leurs services à de grandes compagnies. Beaucoup, qu'ils aient perdu leur emploi ou qu'ils en soient partis d'eux-mêmes, installaient un fax dans leur sous-sol, heureux, disaient-ils, d'être enfin libres.

Bloomberg Business Week évoque, déjà en 1994, une ruée vers le métier de consultant. On n'avait alors aucun mal à trouver des contrats. Les entreprises qui avaient réduit leurs effectifs avaient désormais besoin de consultants de façon régulière. Cette activité jusqu'alors marginale devint un de ces secteurs où les zéros s'ajoutent. « Le mot magique ! Des compagnies qui n'embauchaient jamais à l'extérieur, comme la Procter & Gamble Co., signèrent des contrats de centaines de millions de dollars[1]. » Les compagnies américaines de consultants vendirent leurs services tous azimuts, jusqu'en Bulgarie comme A.T. Kearney Inc. de Chicago, par exemple. La demande pour la consultation d'experts américains était telle que Coopers & Lybrand se vantait de refuser du monde.

1. « The Craze for Consultants », *Bloomberg Business Week*, 25 juillet 1994 ; http://www.businessweek.com/archives/1994/b338266.arc.htm.

Chacun semblait content, y compris donc les consultants qui, en devenant des auxiliaires quelquefois bien payés, avaient perdu à jamais la sécurité d'emploi et l'assurance-santé. Une classe sans parachute s'ajouta à la liste désormais longue et enthousiaste des demandeurs d'hypothèques. Le risque était immense : si les taux d'intérêts augmentaient, si le marché immobilier s'effondrait, si on tombait malade, si les contrats ne venaient pas, c'était la chute vertigineuse avec effet domino. Mais on n'en parlait pas, c'eût été fort mal vu. Dans toutes les pages « Affaires » des journaux, dans tous les magazines, on pouvait voir le sourire d'entrepreneurs heureux, avec un sous-titre en dollars. Invariablement, derrière eux, non pas un bureau mais une maison dite de rêve, un palais moderne aussi grand que Chambord.

Une bulle se créa et son histoire est bien similaire à celle de la fable « La laitière et le pot au lait » de Jean de La Fontaine : non seulement on acheta des maisons, mais, comme Perrette, dans le but de revendre vite avec bénéfice pour acheter plus gros. Entre 2000 et 2005, le prix moyen des propriétés familiales augmenta de 77 % à New York, de 92 % à Miami et de 105 % à San Diego. Dans certaines enclaves les prix allèrent jusqu'à quadrupler en quelques mois. « Les prix montaient après chaque conversation dans un cocktail, écrivait un analyste en 2005, chez le dentiste, le fleuriste ou le psychanalyste. On parlait de triplés ou de quadruplés (quand les prix avaient triplé ou quadruplé en l'espace de quelques mois). En mars 2005, la National Association of Realtors révéla que 23 % de ces ventes étaient spéculatives. C'était un phénomène nouveau aux États-Unis où la maison était un symbole de famille. Symbole puissant et stable du rêve américain : les jeunes ménages achetaient une maison avec un prêt hypothécaire sur trente ans, y élevaient leurs enfants, célébraient avec eux et leurs petits-enfants la fin de ce prêt puis vendaient ou non la maison. Le rêve était toujours là mais notre rêveur devait maintenant partager son lit avec beaucoup de monde[1]. »

Et ce qui s'était produit sur le marché financier se reproduisit dans l'immobilier : « On voit des gens, poursuit-il, qui n'ont jamais investi dans l'immobilier de leur vie, explique le directeur du Real Estate Center de l'université de l'État de l'Arizona. Ce sont des amateurs ou quasi professionnels qui sont tous obsédés par l'idée d'être travailleurs autonomes. C'est leur manière à eux d'être financièrement indépendants[2]. »

Indépendants ou non, les risques qu'ils prenaient seuls avec tant de fierté et d'arrogance faisaient vivre non seulement les constructeurs et les paysagistes, mais aussi les agents immobiliers, les marchands de meubles, etc., qui ne suffisaient pas à la demande. La bulle euphorique était bienvenue d'autant que les coûts de la guerre en Irak commençaient à effrayer les observateurs du déficit. La bulle du risque faisait vivre l'Amérique et telles les bulles de champagne l'enivrait.

Et ce qui devait arriver arriva ! Les petits emprunteurs ne purent faire face aux mensualités lorsque les taux d'intérêt des *subprimes* augmentèrent après la période initiale. Les expulsions commencèrent.

La bulle spéculative immobilière commença à se dégonfler lentement en 2007 pour éclater en 2008, ainsi que sa

1. David Grainger, « Riding the Boom », *CNN Money*, 30 mai 2005 ; http://money.cnn.com/magazines/fortune/fortune_archive/2005/05/30/8261260/index.htm.

2. *Ibid.*

jumelle siamoise : la bulle spéculative financière. Ce ne fut pas discret : des rues se couvrirent d'écriteaux à vendre, des chantiers furent abandonnés aux corbeaux, des meubles furent jetés sur le trottoir lors de reprises, le tout sur une échelle qui dépasse l'imagination européenne. Ils n'en mouraient pas tous mais tous étaient frappés.

Et le pot au lait de Perrette se brisa. « Adieu veau, vache, cochon, couvée ! »

Cassandre

La chute fut spectaculaire, ruinant tous ceux qui avaient pris trop de risques : les retraités qui avaient placé leurs fonds de pension en Bourse, tous ceux qui avaient misé sur la hausse du prix de l'immobilier, dont… les banques, qui se retrouvèrent au bord de la faillite, si ce n'est en totale faillite. Le gouvernement fédéral, craignant un effondrement de l'économie, avança les fonds nécessaires. La seule taille des banques, disait-on, faisait qu'on ne pouvait envisager cette possibilité, même si on commençait à penser qu'elles le méritaient. Comment avaient-elles pu aussi mal calculer les risques ?

C'est la question que posa la reine d'Angleterre lors d'une visite à la prestigieuse London School of Economics : « Pourquoi personne n'a prévu cela ? » demanda-t-elle au groupe d'experts qui un an auparavant parlaient croissance en termes doctes.

Ce fut une cacophonie de réponses dans le monde entier. On commença par des soupirs quasi métaphysiques : « Personne, sauf les dieux, n'aurait pu prévoir une catastrophe d'une telle ampleur. » Le 24 octobre 2008, l'ancien président de la Réserve fédérale, Alan Greenspan, dit devant le Congrès à quel point il était « choqué ». Il admit humblement que nul dans ce monde ne peut atteindre la perfection. « Nous devons faire de notre mieux mais on ne peut s'attendre à ce que nous soyons infaillibles. » Tous les friedmanien vinrent à la barre pour répéter en chœur avec le secrétaire au Trésor, Henry M. Paulson, que vraiment c'était « la crise financière la plus sévère et la plus imprévisible de notre temps ».

La caractéristique la plus remarquable de ces témoignages, ce sont les visages qui restaient impassibles, et les cerveaux vides de toute mémoire, que des journalistes un peu curieux essayaient pourtant de raviver. Il ne leur fallut pas longtemps pour évoquer la longue liste d'analystes, et pas des moindres, qui avaient dénoncé la folie du laissez-faire et prédit depuis des années ce qui était si facilement prévisible. Tout avait été écrit, décrit, documenté et analysé dans les éditoriaux de Paul Krugman ou dans les scénarios de Nouriel Roubini. Jeremy Grantham avait raconté son impuissance, comme dans un film au ralenti, devant ce « train roulant vers la catastrophe », une métaphore reprise par Michael Hudson, Charles Morris ou Robert Shiller.

Pendant des années, ils jouèrent les Cassandre. On les ignora, on se moqua d'eux. On traita Grantham de vieux pessimiste ; Krugman fut accusé de socialisme si ce n'est de biais marxisant ; on surnomma Roubini « Dr Doom » et on l'invita lors de ces dîners-conférences où, dans le confort, il fait bon écouter parler de catastrophe, comme il fait bon regarder des films d'horreur dans le confort d'un fauteuil en mangeant du pop-corn couvert de beurre.

Même dans les compagnies de courtage et certaines

banques, des analystes avaient sonné l'alarme depuis des années. Certains à CitiGroup notamment avaient prédit en détail l'effondrement des marchés. Qu'est-il arrivé à ces analystes ? Au mieux, on les ignora. Au pire, on les renvoya.

Si Cassandre finit par payer de sa vie son don de prophétie, ce ne fut pas tout à fait le cas de ses modernes homologues. Ils eurent leur moment de gloire après la débâcle financière et ils furent invités à toutes les émissions télévisées. Ils ne purent s'empêcher d'espérer que cet échec retentissant des politiques du laissez-faire allait mener non pas à un acte de contrition (c'était beaucoup demander), mais à l'adoption de nouvelles politiques et réglementations. C'était, après tout, ce qui s'était passé après le krack de 1929. Nombreux furent les observateurs qui s'attendirent à un retour du balancier. On allait quitter la révolution à la Reagan pour, espérait-on, s'en aller vers un New Deal à la Roosevelt.

Un petit rappel historique ne nuit point, surtout à la lumière des événements qui vont suivre : « Dans les années trente, Roosevelt et son équipe adoptèrent des solutions s'inscrivant dans le principe fondamental de la Constitution des États-Unis sur la défense du bien-être général ; ce principe, énoncé dans le Préambule, subsume l'ensemble de la Constitution. Cette clause repose sur le concept selon lequel la mission première de la nation consiste à défendre le bien-être de toute la population, c'est-à-dire à favoriser l'amélioration rapide du niveau de vie matériel et culturel des citoyens, pour les générations présentes et futures. Ce robuste gouvernement américain appliqua à l'économie les découvertes de principes scientifiques, générant de prodigieux progrès économiques. C'est ce processus qui a assuré la survie de la république et l'amélioration des conditions de vie au fil des générations[1]. »

Le 13 avril 1933, Roosevelt déclara que « les intérêts globaux de la nation exigent d'ériger des sauvegardes spéciales autour de la propriété immobilière pour garantir la stabilité sociale et économique, et [que] protéger les propriétaires de logement d'une liquidation forcée inéquitable, dans une période de crise générale, est une préoccupation légitime du gouvernement. » Aussi proposa-t-il la création d'un organisme de prêts bonifiés aux propriétaires de logement (Homeowners Loan Corporation, HOLC), qu'il fit adopter par le Congrès.

À la fin de 1932, sur le nombre de banques que comptaient le pays en 1930, 5 100 d'entre elles avaient fait faillite, soit une sur cinq. Le 4 mars 1933, Franklin Roosevelt prend ses fonctions de président. Le 6, il décrète la fermeture de toutes les banques pour quatre jours (*bank holiday*). Le 9, à midi, l'*Emergency Banking Act* est déposé au Congrès et le président Roosevelt le signe à 20 h 37. Le tout prit moins de neuf heures, ce qui démontre que le Congrès peut réagir très rapidement lorsqu'on lui botte le train. Le 13 mars, les banques rouvrent leurs portes et un mois plus tard, 76 % des banques accréditées au niveau national fonctionnent à nouveau.

Sur la foi du passé, on se mit à espérer et ce d'autant plus que l'Amérique venait d'élire le premier président américain noir dans un élan qui fut compris comme le rejet de l'idéologie affairiste de George W. Bush.

Même Paul Krugman, toujours si lucide, se laissa prendre

1. Richard Freeman, *Crise des subprimes. F.D. Roosevelt et le devoir de protéger la population*, 8 décembre 2007 ; http://www.alterinfo.net/Crise-des-subprimes-F-D-Roosevelt-et-le-devoir-de-proteger-la-population_a14575.html.

à rêver : « Quand la crise financière arrive, bien des gens – moi y compris – se disent que c'est le moment idéal d'apprendre une leçon. On espère tous qu'au moins les activités bancaires vont être réglementées[1]. »

Trop d'intelligence et d'honnêteté intellectuelle nuisent à la compréhension des passions politiques et idéologiques. Lorsque la crise frappa en 2008, politiciens et associés-experts défendirent le laissez-faire avec férocité, employant la technique dite du miroir qui consiste à attaquer en renvoyant l'accusation sur l'accusateur. Jamais ils ne se mirent sur la défensive. Ils utilisèrent les parades qui font partie de tous les débats : « Celui qui me critique aurait fait pire », « Mon adversaire a fait bien pire », « C'est moi la victime et mon adversaire l'escroc », « La faute en revient au gouvernement », « Pourquoi mon adversaire s'obstine-t-il à remuer le passé alors qu'il y a d'autres problèmes plus importants ? »… On se souviendra des arbres pollueurs de Ronald Reagan. Alan Greenspan utilisa la même parade devant le House Committee on Oversight and Government Reform. « Cela aurait été bien pire, assura-t-il, et nous serions bien plus pauvres si la finance avait été réglementée. » Quant à la Commission d'enquête sur la crise, où siégèrent bon nombre de républicains, elle conclut que « c'étaient les politiques mal conçues du gouvernement qui cherchaient à donner aux pauvres un accès à la propriété et avaient ainsi poussé trop de gens à faire des demandes d'hypothèques qu'ils ne pouvaient assurer. »

Cet argument n'était pas tout à fait faux. Tout le monde était complice, y compris les deux agences qui disposaient d'une ligne de crédit garantie par le gouvernement fédéral qui couvrait tous les risques : Freddie Mac et Fannie Mae

1. « Wall Street Whitewash », *New York Times*, 16 décembre 2010.

avaient garanti environ 5 200 milliards de dollars du marché américain des hypothèques, évalué à environ 12 000 milliards de dollars en tout. Mais nulle institution financière ne s'en était plainte : c'était à qui trouverait le plus grand nombre de pauvres à aider à prendre tous les risques.

Qui plus est, le président Obama faisait preuve d'une volonté de conciliation qui posait bien des problèmes à ses supporters. Son tempérament ne pouvait être plus aux antipodes que celui de Roosevelt qui narguait les banquiers. C'était pour ce dernier un honneur d'être détesté par ces escrocs : « J'accueille à bras ouverts leur haine », dit-il, et il se fit un plaisir de leur mener la vie très dure. Ce n'est pas le cas aujourd'hui. Non seulement la vie des institutions financières est très douce mais toutes les agences de régulation ont démontré bien peu de vigueur à exercer leur mandat. Ralph Nader, dans un article intitulé « The Regulation Killers », fait le bilan de leur extrême esprit de conciliation envers tous ces organismes[1]. Les analystes politiques s'accordent maintenant tous à dire que Barack Obama est un républicain modéré. Certains sont plus sévères et des articles de fond se succèdent sur les décisions précises de l'administration du président démocrate, qui justifient leur jugement.

Bref, l'idéologie tint bon et tous ceux qui avaient rêvé d'un retour à de saines habitudes financières, régulées et en bon ordre, en furent… pour leur argent. Pire, « quelque chose se produisit sur la trajectoire tant attendue du pendule qui devait nous ramener vers la gauche. Au lieu de FDR [Franklin Delano Roosevelt], s'écria Thomas Frank, nous avons eu Ayn Rand. Au lieu de créer des programmes qui viendraient aider le sort des Américains durement touchés par la crise, on eut le Tea Party qui exigea que

1. http://www.counterpunch.org/2012/04/05/the-regulation-killers/.

les Américains subissent les conséquences de la crise – en laissant totalement impunis les escrocs de Wall Street qui en étaient responsables.

« Le retour en force de la droite, écrit Thomas Frank, tout aussi estomaqué, est aussi extraordinaire que si le public avait demandé qu'une douzaine de centrales nucléaires soient bâties au lendemain du désastre de Three Mile Island ; c'est comme si, au lendemain du Watergate, on avait proclamé Richard Nixon héros national[1]. » On aurait sans doute pu si l'explosion de la centrale nucléaire et le Watergate avaient été précédés par la campagne idéologique qui gonfla la bulle.

Car revoici en effet Ayn Rand ! Toujours aussi vivante ! Grâce aux dons généreux des grandes institutions, sa parole fut reprise, plus que jamais. Sur l'air de *Dansons la Carmagnole*, un nouveau venu sur la scène – le Tea Party – donna un sens littéral à l'anathème d'Ayn Rand : « le gouvernement est maléfique » (*Government is evil*). C'était lui le coupable. Il fallait l'abattre.

Mort au gouvernement

Si de grands analystes avaient prévu la crise financière, aucun politologue n'avait prévu l'émergence de ce Tea Party qui semblait sorti du néant ou plutôt de l'imagination d'une blogueuse qui, en 2009, appela à une révolte similaire à

1. *Why we Got Ayn Rand instead of FDR : Thomas Frank on How Tea Party « Populism » Derailed a New New Deal*, Alter Net, 1er février 2012 ; http://livingnewdeal.berkeley.edu/why-we-got-ayn-rand-instead-of-fdr-thomas-frank/.

celle du Tea Party de Boston contre les impôts imposés sur le thé par la monarchie britannique au XVIIIe siècle. Des manifestations « spontanées » du mouvement s'ensuivirent et des citoyens « ordinaires » protestèrent contre le déficit, les impôts et un gouvernement trop envahissant. Ainsi se forma apparemment ce Party qui, malgré son nom, n'est ni un parti politique ni même un troisième parti en formation qui siégerait un jour au Congrès au côté de leurs homologues démocrates et républicains.

Le pluriel est de mise dans ce *mouvement* qui, à première vue, paraît éclectique. Sous la bannière commune « Moins de taxe, moins de gouvernement ! » se regroupent des paranoïaques semi-délirants en paroles et brutaux en action, des intégristes religieux martelant la Bible de leurs poings, des athées qui agitent la Constitution américaine, des libertariens, des jeunes ne trouvant pas de travail, des mères de famille inquiètes pour eux, de nombreux préretraités au passé tranquille, des nostalgiques d'une Amérique toute-puissante, des économistes paniqués, des arrivistes en quête de pouvoir, de célébrité et de fortune, des illettrés et des docteurs en droit ou philosophie, et l'inimitable « Joe le plombier » qui, fort d'un succès télévisé de deux minutes, brigue l'investiture républicaine à la Chambre des Représentants. Plus tard on y retrouvera des indignés qui n'auront comme points communs avec les premiers Indignés que la force de leur indignation. Mais ainsi en va-t-il des mouvements populaires.

La diversité s'arrête à la couleur de la peau. Elle est dans sa majorité blanche : on évite toute insulte directe mais un courant raciste est discernable, surtout dans les États du Sud. Certaines des pancartes que les membres du Tea Party agitent lors de réunions houleuses en témoignent. En voici quelques-unes… parmi celles qui sont publiables.

Nombreuses sont celles qui font appel à Dieu : « Dieu nous a donné une Nation chrétienne », « Parle pour toi, Obama : nous sommes un pays chrétien ». D'autres sont rédigées à l'encre de la xénophobie : « USA sort de l'ONU », « Fermez les frontières AUJOURD'HUI », « Qu'est-ce qu'un pays musulman a jamais fait pour vous ? ». La religion n'est pas loin et nous y reviendrons. Les pancartes se multiplient autour du thème : « Une éducation sans la Bible est inutile. »

C'est aussi un mouvement d'immense colère populaire contre ceux qui sont perçus comme des *moochers*, ceux qui profitent du système : immigrants, bénéficiaires du bien-être social, vus comme paresseux, tire-au-flanc, faux malades, etc. Une étude récente fort intéressante montre bien comment la colère s'est peu manifestée envers les banques mais s'est faite virulente lorsqu'il s'est agi des démunis jugés non méritants et que fait vivre toute une classe laborieuse[1]. Ajoutons qu'il est plus facile pour quelqu'un qui travaille et vit modestement de s'en prendre à des assistés sociaux qu'il perçoit comme vivant de ses modestes économies que de s'en prendre à un banquier auquel il a confié toutes ses liquidités maintenant évaporées. Cela ne devrait pas nous étonner : le vol à la tire dans les grands magasins laisse beaucoup plus indifférent que le vol d'une bicyclette perpétré par un voisin. Les escroqueries portant sur des milliards de dollars sont quasi virtuelles, en tout cas trop lointaines. En revanche, lorsqu'un contribuable modeste aperçoit un assisté social achetant une caisse de bière chez le marchand du coin, une colère sans borne l'envahit. C'est une colère qui certes a été instrumentalisée, mais elle est

1. Theda Skocpol et Vanessa Williamson, *The Tea Party and the Remaking of Republican Conservatism*, Oxford (Miss.), Oxford University Press, 2012.

sincère et viscérale, comme en témoignent divers slogans : « Travaille, paresseux ! » « À bas les parasites ».

Les caricatures et les slogans plus virulents sont réservés au président américain qui est accusé en vrac d'être Hitler, Staline, le Joker ou l'Antéchrist : « Sur le front d'Obama est gravé 666[1] », menace un slogan en lettres rouges. On le dit illégitime : « Obama usurpateur : il n'est pas né aux États-Unis. » C'est un détail important puisqu'on ne peut être président que si l'on est né aux États-Unis. Arnold Schwarzenegger, l'ex-gouverneur de la Californie et célèbre acteur né en Autriche, n'avait pu briguer la présidence… à son grand regret.

Des membres du Tea Party accusèrent le président de cacher ses origines africaines et donc musulmanes, jetant le doute sur sa naissance dans l'État d'Hawaï, où il est né, sans aucun doute américain, le 4 août 1961. C'était une rumeur folle mais qui mit les démocrates sur la défensive, et ce d'autant que les médias s'en mêlèrent.

À commencer bien sûr par les fameux talk-shows les plus conservateurs et agressifs qui prospérèrent après l'abrogation en 1987 de la *Fairness Doctrine* imposée par la Commission fédérale des communications. Le mandat de cette doctrine du *fairplay* est de demander qu'on fasse part au public de plusieurs points de vue. Les présentations devaient être conduites d'une manière « honnête, équitable et équilibrée ».

Son abrogation donna le feu vert à des programmes politiques, dûment financés, qui étaient tout sauf *honnêtes, équitables et équilibrés.* Ce ne serait en rien exagérer de dire qu'ils en étaient à l'opposé.

Les talk-shows conservateurs au goût d'Ayn Rand se multiplièrent. En 2010, « 53 millions d'auditeurs et 91 % des talk-

1. 666 est le nombre de la Bête dans l'Apocalypse.

shows radiophoniques étaient conservateurs. 2 570 heures de discours conservateurs sont programmées chaque jour de la semaine à comparer avec les 254 heures de programmes dits progressistes[1] ». Nous entrons là au cœur d'une propagande qui prend souvent des tournures de harangues dont la violence étonne ceux qui n'y sont pas préparés. Un livre récent sur les vedettes de la « talk-radio » fait état d'une violence verbale qui n'est pas sans rappeler de tristes souvenirs aux Européens, à ceci près que les boucs émissaires ont changé. Les diatribes visent les féministes, les gays, les musulmans, les Noirs et les écologistes[2]. L'une des vedettes les plus virulentes de ces shows a ajouté à sa liste les malades mentaux. Nous ne donnerons que cet exemple, non politique, mais symptomatique d'un climat qui ne fait qu'empirer : « Voilà que maintenant la maladie du jour est l'autisme, hurle le *Joker* dans son micro. Vous savez ce que c'est, vous, l'autisme ? Eh bien moi je vais vous le dire. Dans 99 % des cas, il s'agit d'un enfant trop gâté qu'on n'a pas remis à sa place. C'est ça, l'autisme. Qu'est-ce qu'on me raconte que ces mômes-là crient ou restent silencieux ? Est-ce qu'ils n'ont pas un père pour leur dire : “Arrête ton cirque. Cela ne te mènera à rien dans la vie. Arrête de faire ton malin. Tiens-toi droit. Deviens un homme. Et arrête de rester sur ton derrière à brailler et hurler, espèce d'idiot”[3]. »

1. John Halpin, James Heidbreder, Mark Lloyd, Paul Woodhull, Ben Scott, Josh Silver, S. Derek Turner, « The Structural Imbalance of Political Talk Radio », *Free Press*, 20 juin 2007 ; http://www.freepress.net/resource/structural-imbalance-political-talk-radio.

2. Rory O'Connor, « Shock Jocks, Hate Speech and Talk Radio. America's Ten Worst Hate Talkers and the Progressive Alternatives », *AlterNet Books*, 2008.

3. Cité *in* http://en.wikipedia.org/wiki/Michael_Savage.

Et pourtant les enfants autistes ne crient pas toujours, mais, s'ils le font, ils sont en bonne compagnie avec tous les *Jokers* qui hurlent leurs commentaires. Ils ne parlent pas, ils vocifèrent et abreuvent d'insultes tous ceux qui tentent de téléphoner et de protester. Et les quelque 50 millions d'auditeurs qui les écoutent en redemandent.

La télévision n'est pas épargnée même si les hurlements s'y font moins courants. La chaîne télévisée d'extrême droite Fox News Channel donna au Tea Party un temps d'antenne continue[1]. Il faut savoir que la Fox, propriété du groupe News Corporation de Rupert Murdoch, est regardée par 85 millions de ménages américains. Elle est la chaîne d'information câblée la plus populaire aux États-Unis, devançant CNN. Ajoutons qu'elle est la seule chaîne d'information à laquelle ont accès les passagers des grandes croisières de luxe.

Accusée souvent, non sans raison, de pratiquer davantage la désinformation que l'information, elle a entre autres contribué à la campagne concernant le « scandale » de la naissance d'Obama. Experts après experts étaient interviewés pour donner substance à l'accusation. L'un d'eux, le richissime Donald Trump, en profita pour commencer sa campagne présidentielle.

Les autres chaînes de télévision jouèrent la neutralité, donnant ainsi une légitimité à la sale rumeur. Elles accordèrent un temps d'antenne égal à ceux qui accusaient Obama de fraude et à ceux qui ne faisaient parfois que bégayer « Mais c'est absurde ! », estomaqués par ce qui leur paraissait insensé. Cette pratique, explique le sociologue

1. Matthew Butler, « Fox News' First 15 Years of "Balanced" Journalism », *The Guardian*, 7 octobre 2011 ; http://www.guardian.co.uk/commentisfree/cifamerica/2011/oct/07/fox-news-15-years.

Michael Schudson dans son livre *Discovering the News*[1], reflète le fait que la politique américaine est bipartite. Le pli est maintenant pris : toute question, même si elle n'est pas politique, mérite un débat bipartite.

« Un bon journaliste, explique l'un d'eux (qui a souhaité rester anonyme), donne respectueusement la parole à deux opinions opposées. On doit écouter les plus folles allégations (la Terre est plate) et demander ensuite aux scientifiques de prouver que la Terre est ronde. Aujourd'hui, n'importe qui peut dire n'importe quoi et porter des accusations. S'il le dit assez fort, il aura droit à un débat qui d'une certaine manière le légitimera. » De fait, les représentants du Tea Party redoublèrent leurs accusations, apportant des preuves aux origines plus que douteuses. Lorsque l'original du certificat de naissance fut produit, ils crièrent au complot avec d'autres preuves à l'appui.

« La technique de propagande la plus brillante, a écrit un spécialiste en la matière, n'aura aucun succès si elle n'utilise pas ce principe fondamental. On doit se contenter de quelques points et les répéter sans arrêt. » Hitler, l'auteur de ce conseil, avait raison : la répétition paye. « Une enquête a montré que la majorité des électeurs républicains dans le Sud pensent qu'Obama n'est pas chrétien. En Alabama seulement 14 % disent qu'Obama est chrétien, tandis que 45 % se disent certains qu'il est musulman. 41 % hésitent. Même tableau au Mississippi. Sur 656 électeurs du Parti républicain interrogés, 12 % ont dit qu'Obama était chrétien, 52 % l'ont classé musulman, et 36 % hésitent[2]. »

1. *Discovering the News. A Social History of American Newspapers*, New York (NY), Basic Books, 1981.

2. Chris Gentilviso, « Obama's Religion Still a Campaign Issue. Some Alabama, Mississippi GOP Voters Believe President is Muslim »,

Le politologue Brendan Nyhan a fait de longues recherches sur ces croyances teintées de paranoïa qui parcourent sans arrêt la culture américaine. Lui et son collègue Jason Reifler ont montré qu'une fois une idée fallacieuse lancée, il est très difficile de s'en débarrasser. Le pire moyen de la combattre est de lui donner crédit en acceptant d'en débattre. « Plus on répète une idée fausse, plus on la répand… Il est très important de ne pas la répandre car les gens ont tendance à croire ce qui devient familier[1]. »

C'est de la propagande classique bien menée, à laquelle s'ajoute le spectacle qu'est devenue la politique depuis ce jour de 1960, où J. F. Kennedy, jeune et beau, a rencontré sur un plateau de télévision son adversaire pour la présidence : un Richard Nixon qui ressemblait à Patibulaire. « Ce fut un des moments charnières, où on peut dire que l'histoire bascula de manière dramatique en une seule nuit », a expliqué Alan Schroeder, un spécialiste de l'histoire des médias de l'université Northeastern[2]. « Nixon était tout pâle et avait perdu du poids à la suite d'une récente hospitalisation. Il avait l'air maladif et était en sueur, alors que Kennedy est apparu calme et confiant. Ceux qui ont écouté le débat à la radio ont dit que Nixon l'avait gagné. Mais les auditeurs étaient en minorité. En 1960, 88 % des ménages américains avaient la télévision – une hausse spectaculaire par rapport aux 11 % de la décennie précé-

The Huffington Post, 3 décembre 2012 ; http://www.huffingtonpost.com/2012/03/12/obama-religion-mississippi-alabama_n_1338990.html.

1. David A. Graham, « The Problem with Polls About Whether Obama is a Muslim », *The Atlantic*, 13 mars 2012 ; http://www.theatlantic.com/politics/archive/2012/03/the-problem-with-polls-about-whether-obama-is-a-muslim/254380/.

2. Alan Schroeder, *Presidential Debates*, New York (NY), Columbia University Press, 2001.

dente. 74 millions de téléspectateurs qui avaient regardé le débat ont déclaré Kennedy gagnant… sans équivoque. Bien des observateurs ont dit que Kennedy avait remporté l'élection cette nuit-là[1]. »

Un monde bascula, confirmant les hypothèses de George Lakoff : les messages politiques modernes s'adressent aux parties métaphoriques du cerveau, laissant le cortex à lui-même, hésitant, pondérant, maladroit et pas du tout médiatique.

Si le Tea Party fait enrager les intellectuels, ses images passent bien auprès du reste de la population. Les femmes du Tea Party, candidates à des investitures républicaines, donnèrent dans le grand spectacle. Jolies, elles captivèrent les spectateurs qui se contentèrent de sourire lorsqu'elles ouvraient la bouche : Michèle Bachmann affirma avoir personnellement rencontré Dieu deux fois et s'est inspirée de ces rencontres pour lancer des menaces. « Je ne sais pas ce que Dieu doit faire pour attirer l'attention des politiciens. Nous avons eu un tremblement de terre, nous avons eu un ouragan. C'est comme si Dieu nous disait : est-ce que vous allez enfin m'écouter ? » Sarah Palin, s'en tenant à une lecture rigide de la Bible, affirma : « Les dinosaures et les humains ont vécu sur la Terre en même temps, il y a 6 000 ans. Des photos que j'ai vues montrent des empreintes humaines dans les empreintes de dinosaures. » Christine O'Donnell se fit moraliste : « Ce n'est pas assez de pratiquer l'abstention sexuelle. Vous devez pratiquer l'abstention totale même quand vous êtes seuls. La Bible dit que la luxure est dans votre cœur lorsque vous commettez l'adultère. Et lorsque vous vous masturbez, vous tombez donc dans la

1. Kayla Webley, « How the Nixon-Kennedy Debate Changed the World », *TimeUS*, 23 septembre 2011 ; http://www.time.com/time/nation/article/0,8599,2021078,00.html#ixzz1p0JAKREP.

luxure. » Elle confessa dans le même souffle avoir tâté de la sorcellerie dans sa jeunesse. Mais soyons honnêtes, les déclarations de certains de leurs collègues masculins sont du même acabit, sinon pires, mais les femmes sont plus télégéniques et, selon une journaliste célèbre : « On a plus de plaisir à disséquer les femmes visuellement. »

Proférées par des hommes ou des femmes, extravagantes ou non, ces déclarations sont « publicité » et toute publicité est bonne. La majorité de ces déclarations sont prises au sérieux. Une partie de l'électorat partage les vues de Sarah Palin sur la théorie de l'évolution. Des chercheurs ont comparé les résultats d'une enquête portant sur le sujet, effectuée sur plusieurs années depuis 1985 aux États-Unis, au Japon et dans 32 pays d'Europe. « Aux États-Unis seulement 14 % des adultes ont répondu que l'évolution était pour eux "définitivement vraie", alors qu'un tiers d'entre eux la rejetaient tout aussi fermement. Dans les pays européens plus de 80 % des adultes ont dit accepter la théorie sans hésitation[1]. » De fait, l'Amérique bruisse de croyances qui ne paraissent folles qu'aux Européens. C'est le pays où l'on croit aux soucoupes volantes au point qu'en 2012 la majorité des Américains est certaine que la Maison-Blanche ment lorsqu'elle prétend ne pas avoir de preuve de l'existence d'extraterrestres. « D'après un sondage, 99 % des personnes interviewées croient que des OVNIS ont visité notre planète à un moment de son histoire[2]. »

1. James Owen, « Evolution Less Accepted in U.S. Than Other Western Countries, Study Find », *National Geographic News*, 10 août 2006 ; http://news.nationalgeographic.com/news/2006/08/060810-evolution.html.

2. http://www.marketwatch.com/story/ufo-survey-reveals-many-americans-believe-the-obama-white-house-is-lying-when-it-says-the-

Ajoutons que la vaste majorité des soucoupes volantes qui ont été vues l'ont été aux États-Unis, confirmant une idée répandue selon laquelle les extraterrestres semblent particulièrement intéressés par l'Amérique.

Il faut savoir aussi que même les déclarations les plus absurdes ne peuvent être contredites de manière informée et rationnelle tant l'anti-intellectualisme est profond aux États-Unis. Si les Français aiment que leurs présidents publient des recueils de littérature ou de philosophie, il n'en est pas de même outre-Atlantique. Lorsque George W. Bush faisait les manchettes avec ses nombreuses bévues linguistiques et sémantiques, connues sous l'appellation de *bushismes*, une partie de la population en riait, mais une autre y voyait l'expression d'un homme « vrai », comme « tout le monde », loin de la pédanterie dont on accuse les « têtes d'œuf » (*egg heads*), ces penseurs aux fronts hauts et chauves, associés à l'aristocratie, dans un pays où l'aristocratie est honnie depuis des générations.

Le thème du film de Frank Capra *M. Smith va au Sénat* (*Mister Smith goes to Washington*) réalisé en 1939, qui donne le pouvoir pour un temps à un M. Toulemonde plein de bon sens, fait partie de la psyché américaine et se retrouve dans bien d'autres films à succès. Cela dit, de l'avis de Suzan Jacoby dans le *Washington Post* du 17 février 2008 : « La nouvelle mouture de l'anti-intellectualisme n'est pas seulement une vague, c'est une inondation. » C'est au point où tous les candidats à l'investiture républicaine de 2012 essaient de marquer des points en promettant de se débarrasser des « intellectuels » de Washington, que l'on affuble toujours du qualificatif péjoratif de « snobs ». C'est à un

---

government-has-no-evidence-that-extraterrestrial-beings-do-exist-2011-12-21.

point tel que certains craignent le retour de « l'ignorance totalitaire », pour reprendre l'expression du philosophe espagnol Fernando Savater.

Ce populisme anti-élite peut porter à des comparaisons inadéquates. Dans un éditorial du *New York Times*, Robert Zaretsky compare le Tea Party au mouvement anti-élitiste lancé par Pierre Poujade en France dans les années cinquante, lequel siégea au Palais-Bourbon. Pour ceux qui ne se le rappellent pas – et ils sont nombreux tant le mouvement fut marginal –, les poujadistes rassemblaient des petits commerçants et des mécontents en tout genre. Ils dénonçaient, avec véhémence, comme leurs homologues américains, les impôts, « l'État vampire » et ses « soupiers » (les grands commis qui « vont à la soupe »), et l'élite intellectuelle. Pierre Poujade agaçait plus pour ses métaphores de mauvais goût que pour ses menaces. La différence est que son mouvement était un mouvement populaire spontané et que l'État et ses fonctions régulatrices étaient considérés comme solides, d'une nécessité évidente s'appuyant sur la raison, résultat du progrès politique humain auquel on croyait encore.

« Dans les deux cas [Tea Party et poujadisme], le désespoir et la déconnexion avec le politique est réel, tout comme cette tendance qui veut fournir des solutions simples à des problèmes complexes », note Robert Zaretsky, qui conclut que les deux mouvements « n'apportent rien dans les urnes si ce n'est la colère[1] ».

Ces bouffées de colère populaire qui seraient cycliques

1. Robert Zaresky, « Tea Party Last Time », *New York Times*, 2 février 2010 ; http://www.nytimes.com/2010/02/03/opinion/03zaretsky.html?pagewanted=all.

nous rassurent en nous berçant de leur mouvement. Elles nous offrent des concepts familiers qui ne dérangent pas notre avenir ou du moins l'image que nous voulons en avoir. On veut croire que les hommes ont tous soif d'information, que la démocratie finit toujours par gagner, que l'État sera conforme à son sens étymologique, qu'il se tiendra toujours « debout » et que les populismes ne dureront que le temps d'une colère. De fait, même s'ils font beaucoup parler d'eux, 11 % seulement des Américains adultes se disent membres actifs du Tea Party et participent à ses manifestations dont certaines ont des allures de kermesses ou de fêtes d'Halloween. Nombreux sont les analystes qui prédisent que le mouvement, une fois la colère retombée, va se dissoudre après l'élection présidentielle de 2012.

Dans le cas du Tea Party, le mouvement n'est populaire qu'à la surface des choses. Fortement instrumentalisé, il a servi à diriger la colère populaire vers le gouvernement, rendu responsable de la crise économique. Les messages distillés sont simplistes et très efficaces : « Si vous avez perdu votre maison, c'est à cause d'Obama », « Si vous ne trouvez pas d'emploi, c'est à cause du gouvernement », « Si vous n'avez pas d'argent, c'est à cause des impôts ». Dans le fatras des déclarations qui apparemment partent dans toutes les directions, un message revient, comme une litanie. Des milliers de pancartes citent Reagan : « Le gouvernement n'est pas la solution à notre problème ; il est le problème. » Slogan après slogan, le mantra du laissez-faire est répété. « La seule taxation juste est l'absence d'impôts », peut-on lire sur une pancarte. « Nous voulons être libérés de l'esclavage de la taxation », renchérit une autre. Une autre encore accuse : « La taxation c'est une nouvelle forme de terrorisme. » On met au pilori les programmes sociaux dont celui de l'assurance santé : « Obamacare c'est du vol. » On fustige toutes les réglementations : « Obama arrête de me dire ce que je dois acheter. Je suis libre de manger ce que je veux. »

Non seulement le Tea Party assène son mantra du laissez-faire, mais il donne aussi ce que George Lakoff appelle un « cadrage » dans lequel doivent se tenir tous les discours politiques. On devient prisonnier du discours bipartisan : si on n'est pas pour la liberté totale, on est socialiste. Tout effort de gérer raisonnablement l'État est vu à travers ce prisme. Nous retrouvons ici le simplisme des idéologies dont nous parlait Isaiah Berlin. Simple, mais si efficace dans un pays où les mots *socialisme* et *communisme* sont aussi émotionnellement chargés que confus.

Ajoutons une association d'idées qui revient de plus en plus dans les discours du Tea Party et des candidats affiliés : celle du socialisme et de l'euthanasie. Sarah Palin avait agité avec un certain succès les « tribunaux de la mort » auxquels seraient soumis les vieillards sous un régime d'assurance santé, par définition toujours socialiste. « Récemment un des candidats à l'investiture américaine, Rick Santorum, a expliqué de manière péremptoire que 10 % des décès aux Pays-Bas l'étaient par euthanasie, que 5 % se faisaient sous la contrainte et que, pour cette raison, les personnes âgées ne voulaient pas aller à l'hôpital. Si elles devaient le faire, continue-t-il sans sourciller, elles portaient un bracelet où était écrit : "S'il vous plaît, ne m'euthanasiez pas !" » Faux, archi-faux évidemment, mais hélas efficace puisqu'il s'agit de discréditer toute étude qui démontrerait la supériorité des régimes d'assurance maladie européens. Le modèle scandinave fait particulièrement rêver en ce qu'il est universel, gratuit, et offre la possibilité aux mourants de choisir leur fin de vie, sous assistance médicale. Il n'a qu'un défaut impardonnable aux yeux du laissez-faire idéologique : il est socialiste et tout socialisme, comme l'a dit Ayn Rand, verse tôt ou tard vers le marxisme, c'est-à-dire le fascisme.

Le message est répété à l'envi : seules les assurances privées de santé, choisies librement, protègent le bon peuple, sinon il risque l'abattoir.

C'est certes du populisme qui peut faire sourire (jaune) si l'on s'en tient à la surface des choses. Mais ceux qui ont pris le temps de l'analyse ont compris que le populisme était manipulé, que sa colère avait été soutenue et entretenue de l'extérieur par deux forces. Les forces financières bien sûr et une force sortie de la pénombre : l'intégrisme religieux. Le Tea Party a apporté dans les urnes beaucoup plus que la colère.

Les mains invisibles

Frank Rich, un des meilleurs analystes de la vie politique américaine, ne douta jamais qu'un « élément manquait à cette belle image d'un mouvement si spontané et sans leaders ». Les journalistes n'eurent pas de mal à repérer les *sugar daddies*, ceux qui aiment offrir des sucreries aux innocentes nymphettes, ceux qui tirent les ficelles et que l'on a déjà rencontrés dans les fondations et les lobbies. Ils sont toujours présents, toujours aussi riches et toujours aussi « généreux », des sucreries plein les poches.

« Vous avez tous entendu parler, continue-t-il, de Rupert Murdoch. Les deux autres sont les frères David et Charles Koch, encore plus riches, et dont la fortune n'est dépassée que par celle des deux géants Bill Gates et Warren Buffet. [...] Ces trois magnats sont la récente incarnation de ce que l'historienne Kim Phillips-Fein a appelé "les mains invisibles" dans son livre si prémonitoire de 2009 : ce sont ces trois personnages qui ont financé les mouvements d'extrême droite[1]. »

Les mains invisibles dispensèrent des centaines de millions de dollars au Tea Party et ce depuis sa formation, des sommes qui étonnèrent même les plus blasés des observateurs de Washington. Les stratèges du *big business* avaient besoin de cette colère qui prend aux tripes, une colère de braves gens contre ceux qui vivent de l'État dont ils reçoivent des revenus perçus comme comparables aux leurs. « Ils avaient besoin de leur passion, de leur paranoïa, de leur colère contre l'establishment politique, de leur exigence d'action immédiate et de leur volonté de monter au créneau. En même temps, il leur fallait juguler cette colère en la gardant à un tel niveau de généralité qu'ils auraient les mains libres pour rédiger des lois qui, tout en changeant quelques aspects dits moraux, préserveraient les intérêts du *big business* : "se débarrasser du déficit", "baisser les impôts", "fermer les frontières aux immigrants", "éliminer le budget", "en terminer avec les dons trop généreux"[2]. »

Cette colère et ces passions étaient « pré-politisées ». Le Tea Party n'a rien d'une nouvelle entité politique qui aurait surgi sur la scène américaine. « Pour la plupart, les membres du Tea Party étaient membres du Parti républicain

1. Frank Rich, « The Billionaires Bankrolling the Tea Party », *New York Times*, 28 août 2010 ; http://www.nytimes.com/2010/08/29/opinion/29rich.html.

2. Daniel T. Rodgers, « "Moocher Class" Warfare, How four decades of radical individualism diminished society and gave rise to the Tea Party », *Democracy*, n° 24, printemps 2012 ; http://www.democracy-journal.org/24/moocher-class-warfare.php?page=all.

bien avant que le Tea Party ne voie le jour[1]. » Il est, d'après le directeur de l'agence de sondages Gallup, une nouvelle dénomination du noyau le plus dur du Grand Old Party (l'autre nom donné au Parti républicain) qui est maintenant bien installé au Congrès et favorable à l'investiture d'un de ses candidats à la présidence américaine.

Sa mission est accomplie et il peut disparaître. De fait, un récent sondage semble indiquer que l'engouement pour le Tea Party est à la baisse. On voit beaucoup moins ses militants avec leurs peintures et leurs déguisements de pionniers. Selon Frank Rich, le mariage avec le Parti républicain est consommé[2]. Sauf que, comme nous le verrons dans la conclusion, la mariée est moins docile qu'on le pense. Une partie du mouvement regarde du côté des Indignés et demande que l'on régularise les banques et qu'on taxe les riches. Ce n'était pas prévu du tout ! L'histoire nous apprend que les mouvements populaires ne sont jamais complètement manipulables mais, parfois, on se laisse prendre.

En 2011, l'union avec le Tea Party se fit, comme les stratèges républicains le voulaient, autour des impôts et du déficit de l'État fédéral, devenus, à en croire le peuple, insupportables, ruinant la vie des Américains, responsables du chômage et, à vrai dire, de tous les maux économiques. Les républicains, forts de cette « demande » populaire, refusèrent de donner l'autorisation (de routine) de relever le plafond de la dette souveraine. Ils le firent au prix de

1. David E. Campbell et Robert D. Putman, « Crashing the Tea Party », *New York Times*, 17 août 2011 ; http://www.nytimes.com/2011/08/17/opinion/crashing-the-tea-party.html.

2. Frank Rich, « The Molotov Party. For the new GOP, conservative isn't nearly radical enough », *New York Magazine*, 26 décembre 2011 ; http://nymag.com/news/frank-rich/gop-2012-1/.

l'impensable : provoquer l'insolvabilité du pays. Le gouvernement fédéral était pris en otage : ou il acceptait les demandes du Parti républicain de réduire les dépenses ou il n'avait plus la capacité de payer ses employés et d'honorer ses dettes. Dans le climat d'instabilité qui entoura l'affaire, l'agence de notation Standard & Poor's abaissa la note des États-Unis, première puissance mondiale, de AAA à AA+.

Wall Street fêta l'événement, preuve qu'une *discipline de marché* allait s'imposer au monde, à commencer par les États-Unis. À ceci près qu'une partie de ceux qui appliquaient la férule économique voulaient y ajouter une autre discipline, celle de la religion, et ils commençaient à rêver de remplacer le gouvernement par une théocratie. L'agenda était double et il l'avait toujours été, attendant simplement le bon moment pour se révéler. Ce dernier était arrivé.

David E. Campbell, professeur de sciences politiques à l'université Notre-Dame, et Robert D. Putnam, professeur à Harvard, prirent le temps et les moyens d'analyser le Tea Party. Dans leur livre paru en 2012, ils expliquent qu'après l'appartenance au Parti républicain, ce qui unit les membres du Tea Party est la religion. « Les généraux qui dirigent le Tea Party peuvent dire que leur but premier est de réduire le gouvernement ; mais dans les rangs, nombreux sont ceux qui veulent garder un gouvernement avec à sa tête… Dieu[1]. »

Cela n'était pas tout à fait au programme de Milton Friedman ni surtout à celui d'Ayn Rand qui a répété toute sa vie : « Je veux être reconnue comme la plus grande avocate de la raison et le plus grand ennemi de la religion. » « Je suis contre Dieu » était un autre de ses thèmes, moins

1. David Campbell et Robert D. Putman, « Crashing the Tea Party », art. cité.

imagé que celui formulé par Nietzsche mais tout aussi fort. Elle professa l'amour libre, le droit pour les femmes d'avorter : « Un embryon, écrit-elle, n'a aucun droit. Les droits n'existent pas pour un être en formation, qui n'est pas encore un être vivant. Un enfant n'a pas de droit avant d'être né. Les vivants ont préséance sur ceux qui ne le sont pas encore. L'avortement est moral et doit être laissé à la discrétion de la femme ; moralement rien d'autre que sa volonté ne doit entrer en considération. Qui peut prétendre avoir le droit de lui dire quoi faire de son corps[1] ? » Ayn Rand devrait en toute logique religieuse être vue comme l'incarnation du mal. Non seulement elle ne l'est pas, mais c'est Obama qui va être désigné comme l'Antéchrist.

L'Antéchrist entre en politique. Le Tea Party a, en effet, scellé une alliance entre deux idéologies totalitaires : celle issue d'une lecture rigide de l'économie et celle dominée par une lecture rigide de la Bible.

Une sainte alliance aux odeurs de soufre

Insistons sur le terme « rigide » car il ne s'agit pas d'une alliance entre le capitalisme et l'Église en général. Cela ne voudrait rien dire. Le laissez-faire dont nous avons parlé est aussi totalitaire que l'attitude de l'Église intégriste dont nous allons parler. Nous sommes loin du laissez-faire d'Adam Smith et nous sommes loin de l'Église chrétienne qui prône pitié, partage et sacrifice. Il ne sera pas question de l'Église du Nouveau Testament où le Christ, en sandales, chasse à

1. « Of Living Death », *The Objectivist*, octobre 1968.

coups de fouet les marchands du Temple. Ce n'est pas non plus l'Église des Kennedy, de « Jack », le premier président catholique, ni celle de Ted Kennedy qui, avant de mourir en 2010, s'est assuré qu'une assurance santé allait couvrir ceux qui ne pouvaient en avoir. Cette Église était honnie par Ayn Rand. Cette Église ne cesse de perdre du terrain, tout comme le capitalisme défendu par des républicains et que représentait Ike Eisenhower.

Nous entrons dans d'autres manifestations du culte chrétien, dans un monde où la Bible est punitive, où le monde est parcouru par les Cavaliers de l'Apocalypse, un monde avec ses terribles batailles dont celle de l'Armageddon. Ce sont des passages connus, dans un pays où la moitié des habitants lisent et consultent la Bible. Ils sont lus et relus dans les États du Sud qui forment ce qu'on appelle « la ceinture de la Bible » (*Bible Belt*). C'est là qu'un mouvement prit forme il y a un siècle, au sein du vaste réseau des prêcheurs évangélistes et enseignants de la Bible : ceux qui mirent en place le mouvement dit fondamentaliste. Baptistes, méthodistes, presbytériens, pentecôtistes et petites Églises indépendantes voulaient tous retourner aux fondements de la foi chrétienne.

Le fondement, c'est la Bible. Il faut savoir que, dans certaines parties du territoire américain, elle est le référent absolu, la grille au travers de laquelle sont interprétés tous les événements, que ce soit le 11 Septembre, la guerre en Afghanistan ou l'élection du président.

Nous ne parlons pas d'une lecture marginale[1]. « Une enquête récente effectuée par *Time* et CNN révèle que 36 %

1. Il y a pléthore d'excellents ouvrages sur la religion aux États-Unis. Citons, entre autres, Daniel Williams, *God's Own Party. The Making of the Christian Right*, Oxford (Miss.), Oxford University Press, 2010.

des Américains croient que la Bible est la Parole de Dieu et qu'elle doit être prise à la lettre. 59 % sont persuadés que les événements prédits dans l'Apocalypse arriveront. Près d'un Américain sur quatre estime que le 11 Septembre a été annoncé dans la Bible, et près d'un sur cinq croit qu'il ou elle vivra assez longtemps pour voir la fin du monde. Encore plus significatif : plus d'un tiers des Américains sont en faveur d'une politique de soutien à Israël parce qu'ils croient que Jésus reviendra sur terre le jour où les Juifs posséderont leur propre pays en Terre Sainte. Des millions d'Américains sont fermement persuadés que l'avenir se lit dans Bible et que la fin du monde est proche. Leurs croyances sont enracinées dans les passages prophétiques de la Bible : Daniel et Ézéchiel dans l'Ancien Testament et le Livre de l'Apocalypse dans le Nouveau Testament. Ils représentent environ un tiers de l'Amérique, 40 ou 50 millions de chrétiens évangéliques qui croient que la nation d'Israël jouera un rôle central dans le déroulement des événements de la fin des temps[1]. »

Toute une interprétation des événements politiques contemporains s'est donc faite à travers les livres de l'Apocalypse. Matthew Avery Sutton, professeur d'histoire à l'université de l'État de Washington, nous invite à cette lecture essentielle pour qui veut comprendre la vie politique américaine. « La critique de la Bible, écrit-il, le retour des Juifs vers la Terre Sainte, les sciences de l'évolution et la Première Guerre mondiale sont autant de signes que la seconde venue de Jésus est imminente. Sur la foi de la prophétie biblique, ils ont identifié des signes [...] qui

1. Timothy P. Weber, *On the Road to Armageddon. How Evangelicals Became Israel's Best Friend*, Ada (Mi.), Baker Academic, 2004.

préfigurent l'arrivée des derniers jours : la croissance de gouvernements centraux forts et la consolidation de nations indépendantes en une seule dirigée par un chef en apparence bienveillant[1]. »

Ils sont persuadés, nous dit Sutton, d'avoir affaire à l'Antéchrist, qui mène l'humanité vers un second Armageddon. Les prêcheurs conservateurs, les évangélistes et personnalités des médias du XXe siècle, comme Billy Sunday, Aimee Semple McPherson, Billy Graham et Jerry Falwell, ont tous partagé cette croyance.

Cette prophétie les a poussés, en politique, vers la droite. Ils ont vu un signe dans la croissance du gouvernement et leur angoisse n'a fait qu'empirer avec la montée du fascisme dans les années trente. La fin des temps était proche. Obsédés par les corrélations, ils ont vu en Mussolini, Hitler et Staline, les messagers qui annoncent la venue de l'Antéchrist. Le président Franklin D. Roosevelt les troublait beaucoup. Il était resté au pouvoir pendant trois mandats et il était perçu comme l'ardent défenseur de l'Organisation des Nations unies. Plus grave, il avait créé ce qui était vu comme un empire gouvernemental si grand qu'on pouvait penser que les temps étaient venus : il était l'Antéchrist en personne.

« Les fondamentalistes se joignirent à la droite des libertariens dans leur lutte contre Roosevelt [...] Comme les marxistes orthodoxes qui contestent le capitalisme, tout en acceptant qu'il soit une étape inévitable sur la route vers le paradis socialiste, les chrétiens conservateurs vont se battre contre l'Antéchrist, même s'ils sont persuadés que

1. Matthew Avery Sutton, « Why the Antichrist Matters in Politics », *New York Times*, 25 septembre 2011 ; http://www.nytimes.com/2011/09/26/opinion/why-the-antichrist-matters-in-politics.html.

la fin est proche. Pour eux le monde de 2011 ressemble au monde des années 1930 à de nombreux égards. Turbulences internationales et ralentissement économique prolongé ont alimenté la méfiance envers le gouvernement[1]. »

Pour certains, le président Obama est encore plus troublant, explique Matthew Sutton : on ne sait pas vraiment où il est né, il prêche l'internationalisme, son soutien à Israël paraît tiède et en plus il reçoit le prix Nobel de la paix. Son engagement au nom du gouvernement dans le domaine de la santé est vu comme le complot final : créer un grand empire qui veut dominer la vie de tous.

En 2008, John McCain, le candidat républicain opposé à Obama, l'a appelé « The One », le nom du Messie. McCain savait ce qu'il faisait. Jamais, depuis Roosevelt, disent tout bas les fondamentalistes, les États-Unis n'avaient eu un président à la popularité et au charisme universels qui correspondent si parfaitement aux descriptions de l'Antéchrist.

Nous y voilà : le gouvernement est dominé par cette présence satanique qui cherche à supplanter Dieu et les Églises au travers de programmes sociaux, qui pratique l'infanticide et l'euthanasie, qui détruit l'autorité parentale… allant à l'encontre du destin divin de l'Amérique, la nation qui combat au nom du Christ rédempteur les infidèles dans le monde entier.

Ce n'est pas tout. Le récit de l'Apocalypse n'est pas le seul à teinter la politique. Depuis quelques années, celui de Sodome et Gomorrhe est revenu hanter les consciences, au point où le péché sexuel va prendre une part de plus en plus importante dans la campagne électorale de 2012. Nous invitons ceux qui penseraient qu'il s'agit là d'une exagé-

1. *ibid.*

ration à écouter avec attention ce que dit Rick Santorum, vedette du Tea Party qui fut à un moment une star de la candidature à l'investiture républicaine. Le soutien qu'il a obtenu nous fait dire que nous n'avons pas affaire ici à un simple « illuminé » marginal, comme le dit la presse française, mais au représentant d'un mouvement dur qui se propage dans tous les pays du monde, mouvement qui remet en question la séparation entre l'Église et l'État.

George Lakoff, plus à l'affût que jamais du langage et de ses métaphores, met lui aussi en garde les libéraux qui tendent à sous-estimer l'importance du discours de Rick Santorum et l'effet que ses paroles produisent sur les cerveaux. Son hypothèse est que toute pensée est physique. On pense avec quelque chose de très physique, notre cerveau, et nous n'avons pas le choix. Les circuits du cerveau se renforcent avec la répétition. Et le langage, loin d'être neutre, active les circuits du cerveau complexe qui est enraciné dans les systèmes moraux des conservateurs et libéraux. Il y a un langage conservateur qui utilise la répétition afin de renforcer les circuits du cerveau conservateur. Cela est extrêmement important pour les soi-disant « indépendants », qui sont effectivement à la fois conservateurs et libéraux. Ils vont hésiter quelque temps, mais plus ils entendront le langage conservateur, plus leur système moral sera inscrit dans les circuits cérébraux.

C'est un discours dont Reagan avait esquissé les grandes lignes. Le psychologue Drew Westen nous explique ce qu'il dit, directement, entre les lignes et entre les paragraphes : « Il était une fois une Amérique qui était le phare de l'humanité. Puis les libéraux sont arrivés et ont créé une énorme bureaucratie fédérale qui a mis des menottes aux mains invisibles du libre marché. Ils ont subverti nos valeurs traditionnelles américaines et se sont opposés à Dieu et à la foi. » Par exemple, « au lieu d'exiger que les gens travaillent pour gagner leur vie, ils ont siphonné l'argent des poches de vaillants Américains et ils l'ont donné aux toxicomanes et à des femmes qui roulent en Cadillac. En lieu et place des valeurs traditionnelles américaines de la famille, de la fidélité et de la responsabilité personnelle, ils ont prêché la promiscuité, le sexe avant le mariage et l'homosexualité. Ils n'ont pas maintenu la force armée qui défendait le monde. Au contraire, ils ont coupé les budgets militaires, manqué de respect à nos soldats en uniforme et ils ont brûlé notre drapeau[1]. »

Les démocrates n'ont jamais répondu à ce discours subliminal, restant toujours au niveau de l'information et de la raison. Ils démontrent, s'évertuent d'apporter des preuves, citent des enquêtes et sont désemparés devant ce qui est pour eux mauvaise foi ou folie. Ils en appellent sans arrêt à la raison et vivent dans la grande croyance des Lumières selon laquelle le bon fonctionnement de la démocratie repose sur de la bonne information ; Machiavel avait tenté de leur dire : le vulgaire[2] ne croit qu'à l'apparence et au divertissement.

Ils ne semblent pas comprendre la puissance des symboles, images et émotions dont celle qui est sans doute la plus forte : l'instinct tribal. Un professeur de psychologie, Jonathan Haidt, explique : « Malgré tout ce que vous avez appris dans les cours d'économie, les gens ne sont pas toujours égoïstes. Ils cherchent à appartenir à un groupe. Lorsqu'ils pensent que leur groupe – qu'il soit racial, religieux, régional ou idéologique – est attaqué, ils se rallient

1. Drew Westen, « The Political Brain. The Role of Emotion in Deciding the Fate of the Nation », *Public Affairs*, 2007.

2. Dans le sens « le commun des hommes ».

à sa défense, même s'il leur en coûte personnellement. La politique est une compétition entre coalitions de tribus. La clé pour comprendre un comportement tribal n'est pas l'argent, c'est le sacré, que ce sacré soit un arbre, un rocher, un ancêtre, un drapeau, un livre ou un dieu[1]. »

Une partie de l'Amérique se rassemble autour de la religion. Pourquoi la religion et non le patriotisme, « le dernier refuge du coquin », selon Samuel Johnson ? Sans doute parce que la ficelle « nationaliste » avait été trop tirée. George Bush s'y était essayé avec « la guerre contre la terreur » et cela avait fonctionné pendant quelques années, mais il est difficile de rassembler le clan autour d'un ennemi aussi diffus. Toutefois la guerre contre la terreur, parce que associée à une religion (l'islam), a donné naissance à un autre point de convergence.

Si vous voulez vraiment comprendre ce qui se passe en politique, conclut Haidt, « suivez la piste du sacré. La droite a pris la tête de la guerre de la chrétienté et se prépare à la guerre sainte ». Rien n'est jamais très simple sur le terrain miné des religions qui se doublent de guerres intestines. C'est une guerre sainte sans le pape. Le catholicisme est sans arrêt attaqué pour des raisons historiques et liturgiques : on ne veut surtout pas entendre de prêches contre les riches et d'appel à l'amour du prochain et des pauvres. Le thème de la justice sociale, défendu depuis plusieurs décennies par les évêques dits progressistes, est perçu comme communiste. Et comme rien n'est jamais simple, il y a dissension à l'intérieur de l'Église catholique elle-même.

Une guerre sainte a donc commencé, rassemblant toutes

1. Jonathan Haidt, « Forget the Money, Follow the Sacredness », *New York Times*, 17 mars 2012.

les factions intégristes de la « christianité » autour du même ennemi. Et quand la personne que vous avez en face de vous est le diable en personne, tout compromis est un sacrilège. Ce qui tombe très bien : le fondamentalisme de marché ne supporte pas non plus les compromis. Et c'est ainsi qu'un aspirant républicain au poste de président des États-Unis d'Amérique, Rick Santorum, surgi en 2012, s'est levé pour se battre sur les deux fronts et mener la guerre sainte contre le diable en personne : Barack Obama.

Au début de l'année, la tournure de la campagne présidentielle a pris les analystes par surprise qui attendaient des professions de foi sur le laissez-faire. Ils crurent pendant un temps à un épiphénomène, mais les premiers résultats des élections primaires confirmèrent qu'une vague de fond religieuse soutenait un candidat venu de l'ombre et que cette vague ne se retirerait pas.

Dès le mois de mars 2012, George Lakoff prévint les analystes politiques : peu importe qui obtient l'investiture républicaine pour la présidence, la stratégie de Santorum aura réussi. Rick Santorum construit une idéologie faite de messages clairs et répétés de manière ferme, messages qui puisent leur force dans les tréfonds d'une lecture religieuse accusatrice et punitive, et c'est un message qui, répété, laisse des traces.

Rick Santorum est parfaitement clair sur ses intentions : « Je ne crois pas, dit-il, en une Amérique où la séparation de l'Église et l'État soit absolue. L'idée que l'Église ne peut avoir aucune influence ou ne peut intervenir sur le fonctionnement de l'État est absolument contraire aux objectifs et à la vision de notre pays[1]. »

1. http://www.politifact.com/truth-o-meter/article/2012/feb/27/context-santorum-separation-church-and-state/.

Il est également très clair sur ce qu'il reproche au gouvernement moderne : une protection et une légitimité données au péché de la chair qui l'obsède. Car il est obsédé. Un commentateur du *New York Times* parmi d'autres a suivi le parcours du candidat depuis sa jeunesse au fil de ses interviews et discours. Quel que soit le sujet qu'on lui demande de traiter (économie, liberté civile, impôts), il revient immanquablement à la liberté sexuelle, source, selon lui, de tous les maux. « Woodstock, dit-il, fut la grande orgie américaine. C'est ce que le Parti démocrate est devenu. Il est devenu le parti de Woodstock. Il utilise nos convoitises les plus élémentaires et primitives, le sexe en premier. Il a créé une culture de l'avortement. Il ne s'agit pas de la vie. Il s'agit de la liberté sexuelle. C'est de cela qu'il s'agit. L'homosexualité, c'est pareil. Il s'agit de la liberté sexuelle. Tout est liberté sexuelle[1]. »

Il accuse les démocrates d'encourager les femmes à travailler, ce qui est contraire à leur vocation. « Le respect pour la femme au foyer, dit-il, a été empoisonné par une combinaison toxique : la guerre des élites politiques contre la famille et la misogynie des féministes extrémistes qui veulent que seul soit valorisé le travail en dehors du foyer[2]. » Dans ce registre, une de ses bêtes noires est le féminisme et il ne manque pas une occasion de dire que « les féministes radicales ne veulent pas l'égalité avec les hommes mais veulent prendre leur place[3] ».

1. http://thenewcivilrightsmovement.com/santorum-democratic-party-an-orgy-of-sex-and-homosexuality-preying-on-lust/politics/2012/02/21/35088.

2. http://www.washingtonpost.com/politics/santorums-quotes-on-the-role-of-women/2012/02/10/gIQABbMu4Q_story.html.

3. *Ibid.*

Il accuse le gouvernement de promouvoir l'éducation pour mieux manipuler les jeunes esprits : « L'endoctrinement qui se fait dans les universités américaines est une des clés de la puissance de la gauche qui tient l'Amérique en otage. Et c'est de l'endoctrinement[1] ! »

Il propose de redonner aux parents le pouvoir qu'ils ont perdu d'éduquer leurs enfants selon les vraies valeurs : « Le gouvernement a convaincu les parents que l'éducation n'est plus de leur responsabilité. Et en fait, ils ont été forcés, à bien des égards, d'abandonner leurs enfants à l'enseignement public. On leur a pris leur contrôle. Cela doit changer ou le secteur de l'éducation ne va pas s'améliorer dans ce pays[2]. »

Rick Santorum montre en cela l'exemple puisque ses sept enfants ne vont pas à l'école publique et sont éduqués à la maison. Précisons qu'il reçoit des subsides gouvernementaux pour le faire car l'éducation à la maison est légale et financée en partie par l'État. C'est même un mouvement qui a pris une ampleur considérable aux États-Unis. On a estimé qu'en 2002-2003 de 1 700 000 à 2 100 000 enfants étaient éduqués à la maison. Ce type d'éducation est en hausse partout. Un petit pourcentage des parents le fait pour des raisons académiques (les écoles donnent un enseignement qu'ils jugent trop médiocre), mais la vaste majorité veut juste soustraire ses enfants aux mauvaises influences et idées distillées par les écoles. Ils veulent notamment que la théorie de l'évolution soit enseignée au même titre que la théorie dite du dessein intelligent, un succédané du créationnisme. Santorum ne peut plus supporter, dit-il, le

1. http://www.washingtonmonthly.com/college_guide/blog/rick_santorum_vs_college.php.

2. *Ibid.*

manque d'honnêteté de ceux qui enseignent les principes de Darwin : « Ce que nous devrions enseigner sont les lacunes et ce qui n'est pas expliqué par la théorie de l'évolution. Il faut les présenter en même temps que le point de vue scientifique[1]. »

Il veut surtout que le gouvernement cesse de légitimer le péché sexuel sous toutes ses formes. Il promet d'abolir toutes les lois qui permettent aux gays de se marier : « Le mariage des gays, dit-il, menace mon mariage. Il menace tous les mariages. Il menace les valeurs traditionnelles de notre pays[2]. » Il promet de s'assurer que l'État ne financera ni l'éducation sexuelle ni la contraception qu'il considère non seulement comme un péché mais comme une des causes des problèmes économiques : « Je vais parler de quelque chose dont aucun président n'a parlé, je vais parler des dangers de la contraception dans ce pays [...] Beaucoup de chrétiens n'y voient aucun mal. Mais ce n'est pas acceptable. Il s'agit d'une licence sexuelle qui va à l'encontre de ce qui doit être. »

Il attaque constamment Planned Parenthood, un des principaux regroupements de planification familiale qui milite en faveur de l'éducation sexuelle et de l'accès aux soins de santé. Le tiers de son financement provient du gouvernement américain. Santorum l'a accusé, en avril 2011, d'être fondé sur le racisme et l'eugénisme. « Je ne peux pas, dit-il, imaginer une autre organisation recevant des fonds du gouvernement fédéral qui soit plus toxique que Planned Parenthood. » Il en promet bien sûr l'interdiction.

Enfin Rick Santorum promet de réformer complètement

1. http://www.npr.org/templates/story/story.php?storyId=4784905.

2. http://www.nytimes.com/2005/05/22/magazine/22SANTORUM.html?pagewanted=all.

la sécurité sociale qui est devenue, selon lui, une organisation qui encourage les femmes à avorter : en mars 2011, dans une interview, il déclara que la sécurité sociale était un système imparfait depuis le début mais avait empiré avec les avortements. « La raison pour laquelle la sécurité sociale est en grande difficulté, expliqua-t-il, c'est que nous n'avons pas suffisamment de travailleurs pour soutenir les retraités. Eh bien, un tiers de tous les jeunes en Amérique ne sont pas aujourd'hui en Amérique à cause de l'avortement, parce qu'une grossesse sur trois se termine par un avortement[1]. »

Cela dit, il ne suggère en aucun cas que le gouvernement doive aider les femmes qui choisissent de ne pas avorter si elles restent célibataires. Les mères célibataires sont plus que jamais des « brebis émissaires ». « Santorum veut que les femmes se voient refuser l'aide sociale jusqu'à ce qu'elles acceptent un test de paternité ou disent qui est le père de leur enfant. Il leur dirait : “Si vous ne nous dites pas qui est le père, vous n'êtes pas admissible à des prestations d'aide sociale, aucune, pas même à des soins médicaux. Vous nous dites qui est le père ou vous ne recevrez pas de prestations.” Il fit valoir que ce genre de mesures aiderait les mères célibataires à ralentir leur vie sexuelle : “Si la maman sait qu'elle ne va pas recevoir l'aide sociale si elle ne nous dit pas qui est le papa, peut-être qu'elle fera un peu plus attention la prochaine fois”[2]. »

1. http://www.thepoliticalguide.com/Profiles/Senate/Pennsylvania/Rick_Santorum/Views/Abortion/.

2. http://yourblackworld.net/2012/03/black-news/rick-satorum-to-single-mothers-get-paternity-tests-or-no-welfare.

Les ennemis de mon ennemi sont-ils mes amis ?

Les motivations diffèrent et certainement les analyses, mais on aura compris que les factions rigides du laissez-faire et celles de la religion ont un ennemi commun pour lequel elles emploient le même mot : *evil.* N'oublions pas que c'était le mot employé par Ayn Rand. Les stratèges militaires utilisent ce principe bien connu : « Les ennemis de mon ennemi sont mes amis », mais la polémologie leur a appris que ces alliances ne durent que le temps d'une bataille ou au mieux d'une guerre. Lorsqu'on a affaire à deux idéologies aussi antinomiques, on peut supposer que l'alliance disparaîtra avec l'élection mais ce n'est qu'hypothèse militaire.

Une fois l'ennemi commun dénoncé, tout oppose en effet ces deux idéologies. Ayn Rand veut réduire l'État à une virgule, Rick Santorum ne veut pas détruire l'État. Il veut le remplacer par un État punitif. Si on l'écoute bien, on comprendra que, certes, il se débarrassera de tous des services d'aide, mais il est clair qu'il imposera quantité de législations qui ne peuvent être du goût de ceux qui veulent laisser la loi de l'offre et de la demande trouver un équilibre moral. Cela semble être une différence irréconciliable, mais comme nous allons le voir, cette sainte alliance qui sent le soufre a deux avantages : dogmatiser la science et rendre « la providence » de l'État-providence à la « providence » des Églises. Cette alliance perdurera.

Dogmatiser la science

L'économisme croit en la science, aux technologies et en leur enseignement ; ce sont les moteurs de la croissance. Comme on le sait, dans les pays où ils ont le pouvoir, et de tout temps, les fondamentalistes (de toute confession) font passer toutes les sciences au crible de leurs croyances. Or il est clair que Rick Santorum est déterminé à poursuivre la tradition, avec l'aide des grandes corporations. En effet, le laissez-faire qui ne croit qu'aux chiffres aimerait également faire passer la science au crible de ses postulats lorsque celle-ci démontre qu'il y a des limites à l'exploitation, à la croissance et à la pollution. Le laisser-aller ne supporte pas le mot « limite ».

Le laissez-faire absolu et l'intégrisme se sont donc trouvé un autre ennemi et de taille : la science, ou du moins certains discours scientifiques qui leur déplaisent. L'un ne veut pas entendre parler de Darwin. L'autre ne peut supporter les discours sur le réchauffement planétaire, l'effet de serre, la pollution de la nappe phréatique, les effets de la fracturation hydraulique, bref de tout ce qui freinerait la croissance.

Les grandes institutions ne se sont pas intéressées aux théories de Darwin, elles n'empêchent pas la croissance. On peut même penser que l'application de Spencer connue sous le nom de « darwinisme social » n'est pas sans leur déplaire. Cette doctrine politique dite évolutionniste postulait que la lutte pour la vie entre les hommes est l'état naturel des relations sociales. Elle préconisait notamment de supprimer les institutions et les comportements, telles la charité, la compassion, l'aide, qui font obstacle à la sélection naturelle (éliminer les moins aptes) pour le grand bénéfice de la société. Cela plaisait à John D. Rockefeller qui expliquait que la variété de rose « American Beauty » ne pouvait être produite qu'en sacrifiant les premiers bourgeons poussant autour d'elle. Il en va de même dans la vie économique. Ce n'est là que l'application d'une loi de la nature et d'une loi de Dieu.

Les idéologues du laissez-faire extrême vont néanmoins trouver bien utile la possibilité de remettre en question l'évolutionnisme qui leur permettra ensuite, par association, de jeter le doute sur toutes les découvertes scientifiques qui les ennuient. Semer le doute est leur spécialité.

Ils ne vont pas le faire ouvertement et financer le créationnisme dit Jeune-Terre, trop extrême, même pour eux, qui affirme que la Terre a été créée en six jours par Dieu, il y a environ 6 000 ans, que l'évolution des espèces est un mythe, qu'Adam et Ève ont littéralement vécu et péché dans le jardin d'Éden, et que les fossiles retrouvés sont des objets créés par Dieu ou par le Diable pour tromper les êtres humains. Il est associé à un autre mouvement qui affirme que la Terre est plate selon une interprétation de la Bible. Pour la Flat Earth Society, la NASA, acoquinée avec les compagnies d'aviation, fait partie d'un vaste complot anti-Bible. Selon eux, tout le monde sait que l'alunissage fut filmé sur un plateau d'Hollywood.

Les fous du marché ne sont pas si fous et les compagnies d'aviation sont trop importantes pour eux. Ils vont donc encourager et financer une autre forme de créationnisme : celle du « dessein intelligent ». C'est, disent-ils, une « théorie scientifique » dont les conclusions sont aussi valides que celles du darwinisme. Une des grandes théories scientifiques ainsi mise en doute, on pourra allégrement passer au même crible de la pensée bien d'autres méta-théories, telles celles de l'environnement. Il fallait y penser.

Le dessein intelligent (*intelligent design*), c'est du créationnisme « affublé d'un costume bon marché », selon le biologiste britannique Richard Dawkins. De fait, il repose sur l'hypothèse selon laquelle « certaines observations de l'univers et du monde du vivant sont mieux expliquées par une cause *intelligente* que par des processus non dirigés tels que la sélection naturelle ». Le dessein intelligent ne s'applique qu'au domaine de la biologie, et ne traite pas de l'origine de l'univers. Il se distingue du créationnisme en acceptant un univers âgé de plus de 13 milliards d'années et la théorie du Big Bang. Il ne se prononce pas sur Dieu mais rejette le mécanisme de mutation aléatoire couplé à une sélection naturelle comme moteur de l'apparition de nouvelles espèces. Ses adeptes citent volontiers Socrate, Platon, Aristote qui pensaient que l'apparition du monde naturel nécessitait un esprit, ou Cicéron qui voyait dans les étoiles et l'adaptation des animaux la preuve d'un dessein rationnel. Les philosophes récents ne sont pas oubliés. Dans son livre *The Design Revolution*, William A. Dembski va même se servir des critères développés par Karl Popper pour jeter un doute sur le darwinisme. Ce qui ne serait probablement pas du goût du grand épistémologue.

D'autres philosophes, bien vivants et tout heureux de ce regain d'intérêt pour la métaphysique, « offrirent » leurs services contre large rémunération. Ce fut l'un des rares moments où la lecture de la philosophie fut financée aussi généreusement. Car les fonds affluèrent. Selon Abovetopsecret, un forum de discussion et de recherche sur les croyances : « Le financement de l'Institut Discovery (Centre pour la science et la culture) et les campagnes sur le dessein intelligent passent par l'Hudson Institute qui redistribue ce qui lui est donné par les grandes entreprises œuvrant en biotechnologie, génie génétique, recherches agricoles, pharmacies et autres : Monsanto, DuPont, Dow-Elanco, Sandoz, Ciba-Geigy, ConAgra, Cargill, et Procter & Gamble[1]. »

On comprendra peut-être mieux leur enthousiasme soudain pour la philosophie à la lecture du document produit en 1988 par le Centre, *The Intelligent Design Wedge Strategy* : « La stratégie du dessein intelligent reformule le créationnisme, redirige l'évolution du débat et remplit plusieurs fonctions stratégiques : neutraliser les savants chrétiens qui affirment que croire en Dieu ne fait pas obstacle à l'acceptation des sciences de l'évolution ; maintenir et consolider le soutien de la droite religieuse ; créer l'illusion d'un fondement scientifique afin de contourner les lois fiscales qui interdisent l'utilisation des fonds publics pour financer des activités religieuses ; et, surtout, jeter la confusion dans l'esprit de ceux qui croiraient en une science de l'environnement et chercheraient à comprendre les effets de l'activité industrielle sur la vie de la planète et la biosphère. »

Qu'on ne s'y trompe pas, nous dit Samantha Smoot, qui dirige le Texas Freedom Network, et qui s'oppose à l'enseignement dans les écoles du dessein intelligent, il ne s'agit pas ici d'un petit groupe marginal de la droite religieuse qui ne sévit qu'au Texas. « Il s'agit d'un programme national. Mais la droite religieuse a changé de tactique. Elle se drape dans la bannière créationnisme. On a affaire maintenant à des *think tanks* et des informations pseudo-scientifiques dont le but est de détruire la vraie science[2]. »

Le « dessein intelligent » rend la vie plus facile à tous ceux qui répètent que l'effet de serre n'est pas prouvé et

1. « Origins and creationism conspiracy », débat en ligne du 24 novembre 2006. http://www.abovetopsecret.com/forum/thread235145/pg1.

2. *Ibid.*

qu'il s'agit là d'une hypothèse sinon d'un complot fomenté par des groupes d'intérêts. Écoutons ce que dit le gouverneur républicain du Texas, Rick Perry, à ce sujet : « Je pense qu'il y a un nombre important de scientifiques qui ont manipulé les données afin de financer leurs projets. Et je crois que chaque semaine, sinon chaque jour, des scientifiques viennent remettre en question l'hypothèse selon laquelle l'homme est responsable de l'effet de serre. »

En début de campagne, des voix dissidentes se sont fait entendre, au sein même du Parti républicain. Jon Huntsman, aspirant à la présidence notamment, donna une interview télévisée où il critiqua Rick Perry : « À la minute où le Parti républicain est devenu le parti anti-science, nous avons eu un énorme problème. Quand nous prenons une position contre l'évolution, quand nous prenons une position qui va à l'encontre de ce que disent 98 des 100 scientifiques experts du climat sur l'effet de serre, je pense que nous nous trouvons du mauvais côté de la science et dans une position perdante[1]. » Il fut non seulement ignoré mais il perdit toutes ses chances dans la course à la présidence. Le même Perry alla même jusqu'à laisser entendre au télévangéliste James Robinson : « Je crois bien que nous passons à travers de dures épreuves économiques pour une raison : nous ramener sur le droit chemin des principes de la Bible[2]. »

Un Paul Krugman désemparé avoua, en 2011, son désarroi et son inquiétude dans un article paru dans le *New York Times* : « Aujourd'hui, nous ne savons pas qui va gagner l'élection présidentielle de l'an prochain. Mais les chances sont que l'une de ces années, le plus grand pays du monde

1. *This Week*, sur la chaîne ABC, août 2011.
2. http://www.youtube.com/watch?v=FYCycKneExQ.

va se trouver gouverné par un parti qui est agressivement anti-science, anti-savoir. Et, dans un moment de graves difficultés – environnementales, économiques, et autres – c'est une perspective terrifiante[1]. »

Tout aussi terrifiant – pour quiconque a été élevé comme Krugman dans l'idée d'un savoir humain neutre pour le bénéfice d'une meilleure société – est le deuxième fondement de la sainte alliance entre le laisser-aller et l'intégrisme : le contrôle de la pauvreté.

La pitié et la férule

En octobre 2005, *Le Monde diplomatique* traduisit un article de John Kenneth Galbraith, « L'art d'ignorer les pauvres »[2]. Publiée vingt ans auparavant en anglais par *Harper's Magazine*, la pensée du grand économiste n'avait en rien perdu de sa pertinence ni de sa clarté. Il y décrit « l'un des plus anciens exercices humains : le processus par lequel, au fil des années, et même au cours des siècles, nous avons entrepris de nous épargner toute mauvaise conscience au sujet des pauvres ».

Les politiques de l'Occident reposent sur cette mauvaise conscience, entretenue et régulée par la chrétienté. Dans

1. Paul Krugman, « Republicans Against Science », *New York Times*, 28 août 2011 ; http://www.nytimes.com/2011/08/29/opinion/republicans-against-science.html.

2. John K. Galbraith, « L'art d'ignorer les pauvres », *Le Monde diplomatique*, octobre 2005 ; http://www.monde-diplomatique.fr/2005/10/GALBRAITH/12812.

un article sur les fondements de la politique, Glenn Tinder nous rappelle que le mot charité vient du latin *caritas* qui signifie « amour », un amour de l'autre bien particulier : « L'amour chrétien, écrit-il, a un nom bien précis, *agapè*, différent des autres formes d'amour : la *philia*, l'amitié, l'*eros*, la passion[1]. » L'origine des organisations caritatives qui portent bien leur nom repose sur cette définition. Les philosophes des Lumières ou Karl Marx essayeront de fonder l'altruisme sur d'autres bases mais, nous dit Tinder, le fait est que les politiques d'aide et d'entraide des États modernes laïcs puisent leurs racines profondes dans l'*agapè*. Il reprend ici en partie les thèmes de Carl Schmitt qui entreprit une analyse de la sécularisation des concepts théologiques pour les appliquer à la théorie de l'État. Suivant cette idée, le Dieu religieux devient juge, tandis que le miracle devient l'exception. La théorie moderne de l'État repose sur des concepts théologiques sécularisés.

Ce serait ainsi que l'État-providence aurait remplacé presque toutes les organisations caritatives, redéfinissant leurs modalités. La charité devint une application du droit des citoyens incluant des droits économiques, créant ce que Gosta Esping Anderson a nommé « le monde de l'État-providence », un monde complexe d'aide directe et indirecte, variant d'un État à l'autre. C'est un déplacement de pouvoir dont il faut comprendre qu'il signifie une perte pour les Églises. Certes les sœurs de la charité continuaient d'aider les plus démunis, mais nous sommes loin du temps où les ordres caritatifs organisaient le champ du social, comme au Moyen Âge, financés par une Église qui possédait le tiers des terres de l'Europe.

1. Glenn Tinder, « Can we be Good without God ? On the political meaning of Christianity », *The Atlantic*, décembre 1989.

Cela dit, qu'il se justifie par le « droit » ou par l'« amour », l'altruisme est pour Ayn Rand et Milton Friedman hérésie économique à plus d'un titre. Ayn Rand est brutale : l'altruisme est, dans la bouche de l'un de ses héros, « un sentiment monstrueux » dont profitent les « parasites » sur lesquels des bureaucrates intéressés vont bâtir leur empire égoïste. Pour Milton Friedman, c'est un sentiment déplacé qui freine la croissance et devient contre-productif. Laissez faire les bâtisseurs de croissance et la pauvreté disparaîtra, dit-il. En attendant ces jours heureux, le laissez-faire bien compris ne fait rien. Le laissez-faire est dans un premier temps un laisser-mourir.

Nous revoilà au sein d'une antinomie : les Églises prêchent l'amour du prochain, la charité et l'altruisme. La manière dont certaines les mettent en pratique peut être sujette à discussion, mais le fait est que le monde de la chrétienté repose sur l'*agapè*. Comment donc des manifestants du Tea Party, pratiquants sincères d'une Église, peuvent-ils agiter des pancartes à la gloire d'Ayn Rand pour qui, nous disent Donald DeMarco et Benjamin Wiker, se sacrifier pour un enfant, avant ou après sa naissance, ou pour ses vieux parents ou autres avait tout simplement valeur d'anathème[1].

Une première réponse est simple puisqu'il ne s'agit que d'un transfert de pouvoir qui arrange tout le monde : le laissez-faire ne veut plus que l'État joue les sœurs de charité et les Églises ne sont que trop heureuses de reprendre le contrôle de ce qu'elles avaient perdu. L'autre aspect est un corollaire plus complexe mais que l'on peut résumer ainsi : le laissez-faire fondamentaliste et l'intégrisme chrétien font porter la responsabilité morale au seul individu. Si l'individu

1. Donald De Marco et Benjamin Wiker, *Architects of the Culture of Death*, San Francisco (Cal.), Ignatius Press, 2004.

ne trouve pas de travail, c'est qu'il est paresseux, dit le premier. Et s'il vole une orange parce qu'il a faim, c'est qu'il écoute le démon, dit l'autre. L'essentiel est de dégager toute responsabilité de la société envers lui mais aussi de faire en sorte que le voleur d'orange ne vole plus le fruit du labeur des entrepreneurs. Le laissez-faire fondamentaliste a besoin d'un ordre social punitif. L'intégrisme n'est que trop heureux d'offrir ses services de culpabilisation.

Mais il faut, d'abord, reprendre le contrôle.

Reprendre le contrôle

La sécularisation a toujours été déplorée par les Églises, certes parce qu'elles perdaient des territoires mais aussi parce que le « droit » manquait d'amour. Elles firent chorus avec les critiques de la bureaucratie qu'on accuse également d'indifférence et de froideur. Le droit est conçu, il faut bien le dire, pour mettre une distance entre faits et sentiments. Max Weber nous a expliqué que froideur et neutralité sont une condition *sine qua non* du passage de l'État féodal à l'État moderne. C'est un incontournable : le prix de la démocratie est la bureaucratie en ce qu'elle applique la loi « sans haine, ni passion et donc sans affection ni enthousiasme ». Dans son dernier ouvrage, Francis Fukuyama ajoute une perspective intéressante à celle de Weber en faisant remonter cette neutralité au célibat des prêtres qui, dit-il, a permis à l'Église de les retirer de l'emprise émotionnelle que le clan et la famille pourraient avoir sur eux[1]. L'*agapè* était déléguée dans ses manifestations aux missionnaires et bonnes sœurs dont la longue histoire a été décrite par Georges Duby et Michèle Perrot dans *L'Histoire des femmes en Occident*[2].

La neutralité avait ses avantages, notamment si l'on veut prendre pour seul exemple les filles mères qui ne subissaient plus les sermons des prêtres accoucheurs et des bonnes sœurs. Mais elle a aussi ses défauts pour ceux qui se souviennent du dévouement sans bornes de ces dernières dans des hôpitaux et hospices dont ceux de Beaune, qui étaient un modèle de gestion. Lorsqu'il s'agit de souffrance humaine, l'*agapè* est sans rivale.

Revenons à notre siècle laïc. Les services sociaux et hôpitaux sont accusés, parfois non sans raison, d'incompétence, de dilapider des fonds et de manquer de cœur. Même pour les plus socialistes, les hôpitaux peuvent être les lieux de ces *invasions barbares* qui ont donné son titre au très beau film de Denys Arcand. La nostalgie aidant, un retour de pendule était imminent à ce moment critique où un fort courant conservateur voulait rendre aux bonnes sœurs ce qui, disait-il, leur revenait de droit. C'était d'ailleurs une des métaphores qu'il utilisait couramment. Lorsqu'on reprochait aux hommes d'affaires les mises à pied, renvois et autres sévices – imposés, disaient-ils, par le marché –, ils répondaient invariablement « nous ne sommes pas les sœurs de la charité ».

Le transfert des fonctions fut officialisé par George Bush dans les années quatre-vingt-dix : il le nomma « conser-

1. Francis Fukuyama, *The Origins of Political Order. From Prehuman Times to the French Revolution*, New York (NY), Farrar Straus & Giroux, 2011.

2. Georges Duby et Michelle Perrot (dir.), *L'Histoire des femmes en Occident*, Paris, Perrin, 2002, 5 vol.

vatisme compatissant », une métaphore que Doug Wead avait choisie en 1986 pour décrire la politique de son père Herbert W. Bush. Lors de son premier discours officiel, deux semaines après son intronisation à la présidence des États-Unis, George W. Bush annonça donc qu'il avait l'intention, comme promis pendant sa campagne électorale, de faire appel aux groupes religieux actifs dans le domaine caritatif pour renforcer l'action sociale de son gouvernement.

Cela semblait parfait à l'époque : « La politique sociale préconisée par Bush reposait sur la condamnation du gouvernement fédéral, le renforcement de l'initiative privée et la valorisation du travail accompli par les organisations religieuses. Ces dernières, longtemps confinées à la sphère privée, seraient au cœur du dispositif mis en place par l'administration Bush pour venir en aide aux plus nécessiteux. » L'État pouvait se permettre de n'être plus providence sans mauvaise conscience puisqu'il serait remplacé par beaucoup mieux, « une armée de la compassion » qui apporterait aux pauvres et aux exclus l'amour, l'attention et le réconfort nécessaires. Cette « armée », composée, selon Bush, d'hommes et de femmes habités d'une grande conviction religieuse et d'un altruisme inébranlable, prendrait la place des bureaucrates et des fonctionnaires « insensibles » et « inefficaces ».

Il signa deux décrets à cet effet, « l'un pour créer un bureau à la Maison-Blanche afin de superviser l'aide aux initiatives communautaires, l'autre pour instituer des centres de coordination avec les organisations confessionnelles dans cinq ministères (travail, logement, santé, justice et éducation) qui s'occupent de ces questions[1] ».

1. Jean-Guy Vaillancourt, « Le conservatisme compatissant du président Bush », *Relations*, n° 668, mai 2001 ; http://cjf.qc.ca/fr/relations/article.php?ida=1753.

On n'en parla plus beaucoup ensuite. L'idée néanmoins était lancée : il fallait rendre à l'Église ce qu'on lui avait pris. Santorum le répète à chaque ville-étape de sa campagne : « Regardez tous ces pays dont nous venons. Ils sont tous morts du point de vue de la foi. Allez en Europe : la fréquentation des églises se compte sur les doigts. Pourquoi ? Parce que le gouvernement s'est emparé des prérogatives de la foi[1]. » Il se garda bien de mentionner qu'aux États-Unis c'était déjà fait : l'importante Église à laquelle appartenait son rival Mitt Romney, l'Église des mormons, avait déjà repris le quasi-contrôle du caritatif et ce depuis longtemps.

L'Église de Jésus-Christ des saints des derniers jours (son nom officiel) a son propre système d'impôts pour financer ses actions caritatives : une dîme qui ne dit pas son nom. L'Église mormone prélève 10 % des revenus de tous ses membres. Ce n'est certes pas une petite Église mais un empire en expansion auquel on ferait bien de prêter attention. L'Église mormone est de loin la plus importante des religions nées sur le sol américain. Son taux de croissance est un des plus rapides du monde. Elle compte aux États-Unis 4,8 millions de membres et croît de 4,7 % par an (ce taux est double à l'étranger où il y a déjà 4,9 millions de fidèles). Le sociologue Rodney Stark a calculé que, dans environ 83 ans, le nombre des mormons dans le monde entier devrait atteindre 260 millions.

Son système d'entraide est tel qu'on dit qu'aucun mormon ne dépend de l'assistance sociale fédérale. L'Église nous enseigne que, dans les moments difficiles, le premier devoir d'une personne est de résoudre ses propres problèmes et de demander l'aide de la famille élargie. Faute de cette solu-

1. http://www.issues2000.org/2012/Rick_Santorum_Welfare_+_Poverty.htm.

tion, un évêque peut lui fournir de l'argent ou des coupons échangeables dans la communauté. Cette largesse n'est pas infinie : le système comprend également 97 centres qui permettent de trouver un emploi, ce à quoi ils parviennent en 10 à 12 semaines. L'aspect le plus remarquable de ce système est ce qui fonde ce système d'aide financière temporaire – en cas de grande nécessité, ce qui est rare : une fois par mois, les membres de l'Église sont invités à se passer de deux repas et à donner l'équivalent de leur valeur au système d'entraide. L'argent reçu est administré localement, de sorte que chaque communauté peut s'occuper de ses propres membres défavorisés. La communauté aide aussi en donnant de son temps aux malades et aux personnes âgées qui ne sont jamais laissées seules.

C'est une Église avec des rigidités internes mais qui n'est pas fermée sur elle-même comme d'autres. Elle finance les études de ses jeunes dans les meilleures universités. Les étudiants lisent certes la Bible mais également Milton Friedman et Ayn Rand, très populaire en pays mormon. Rien d'étonnant à cela : l'École de Chicago prêche, comme l'Église mormone, la nécessité pour l'individu d'être seul responsable de ses actes. On travaille beaucoup en pays mormon, que ce soit pour gérer son entreprise ou pour la communauté (sans rémunération). Le plan d'entraide est institué, dit son fondateur, pour que « disparaisse le fléau de la paresse ».

C'est une Église riche et même très riche, avec des investissements approchant les 6 milliards de dollars, qui sont rarement dépensés pour les pauvres mais sont engagés dans les écoles et universités. C'est un État bien structuré dans un État qui se déstructure.

Il n'est donc pas surprenant que le mormon Mitt Romney se présente à l'investiture républicaine de 2012, même si certains aspects du culte (comme la polygamie, interdite aujourd'hui) ont marginalisé sa religion pendant des décennies. Les réticences ont diminué et ce d'autant que ce candidat à la présidence peut en toute bonne conscience proposer le démantèlement du système américain d'assistance fédérale (l'Église s'occupera des pauvres le temps qu'ils retrouvent du travail ; il sait que cela fonctionne), tout en promettant de consacrer tous ses efforts à la croissance et la déréglementation. Il a fait ses preuves. Cet homme d'affaires a gagné beaucoup d'argent en achetant des entreprises en faillite et en les revendant à profit. Il a pratiqué les réductions d'effectif qu'il jugeait nécessaires, ce qui lui valut le surnom auprès de certains de « capitaliste vautour ». On estime sa fortune personnelle à 200 millions de dollars.

De fait, il a le soutien financier, considérable, des plus grandes institutions. Mais pour d'autres il n'est pas assez « conservateur » et ils lui préfèrent Rick Santorum dont le programme économique n'est guère différent et plairait également à Milton Friedman. Parce que Rick Santorum apporte un élément qu'on ne trouve pas dans les discours de Mitt Romney qui semble trop pragmatique et ne manie pas assez la férule aux yeux de certains. Santorum en revanche ne se contente pas de promettre de couper les programmes sociaux : il veut sermonner, humilier et punir les pécheurs… et surtout les pécheresses. Le temps est venu pour les fondamentalistes du marché qui veulent jeter les pauvres en prison de s'allier aux fondamentalistes chrétiens qui aiment tant châtier.

Tu as volé l'orange du marchand

Le laissez-faire n'est pas tendre pour les voleurs, sauf si les escrocs sont des entrepreneurs ou des banquiers, soupire Frank Rich. Non pas que la doctrine voie en eux des suppôts de Satan. Les voleurs volent parce qu'ils sont égoïstes, comme tout le monde. Leur crime est de vivre de la richesse des autres et de rejoindre ainsi les rangs déjà trop gonflés des parasites qui, dans les années soixante, ont joué les victimes pour excuser leurs crimes. Si le voleur vole l'orange du marchand, ce n'est pas parce que la société est injuste et qu'il a faim. Il peut travailler mais trouve plus facile de parasiter cette société qui ne lui doit rien. S'il persiste dans le crime, c'est la prison, à vie à la troisième offense.

L'Église a formulé cette liberté de choix de manière différente et similaire. L'homme ne doit pas être un loup pour l'homme. Le chacun-pour-soi est péché, et l'Église accueille les pauvres. Mais lorsqu'il dévie du droit chemin et quelle qu'en soit la raison, l'individu est seul à porter le poids de son péché. Si le voleur vole l'orange du marchand, c'est qu'il a succombé à la tentation. S'il se fait brigand, c'est que le mal est en lui. Si la femme avorte d'un enfant qu'elle ne peut nourrir, elle commet un crime. Le péché n'est jamais social mais individuel et lorsqu'il y a pardon, il est d'ordre spirituel. On se souviendra de Jean Valjean dans *Les Misérables*.

La cause du mal n'étant jamais sociale, on ne recherchera pas de solutions préventives. En ce sens, le laissez-faire et l'Église cherchent à responsabiliser l'individu. C'est un retour de balancier bienvenu après plusieurs décennies de ce que certains ont vu, non sans raison, comme un abus du principe selon lequel tout le monde était coupable sauf l'individu. Pendant deux décennies au moins, la victimisation, nous dit Steve Salerno, a présenté la culpabilité sous un mauvais jour[1]. Ce fut l'époque où l'État-providence porta le poids extrême de toutes les responsabilités, le temps où le voleur d'orange accusa son père, sa mère, l'école et la société.

Les retours de balancier sont souvent violents. Dans le cas qui nous intéresse ils le furent d'autant plus que le désir de responsabiliser et châtier dépassa le monde de la criminalité. Plus n'est besoin de voler une orange pour attirer les foudres. On punit les pauvres parce qu'ils sont pauvres. Paul Krugman l'avoue : « Cela fait peur. » Le prix Nobel d'économie n'arrive pas à trouver le sens des mesures économiques imposées par la Banque des règlements internationaux (BRI) (Bank for International Settlements en anglais ou BIS) qui s'en prend aux plus fragiles et aux démunis. Cela n'a, dit-il, aucun sens économique. Il le dit très vite à la fin d'un article : « On dirait qu'ils ont affaire à un besoin impératif et profond d'infliger des souffrances, d'expurger le péché ou quelque chose comme cela[2]. » Lui, toujours si clair et si précis, ne trouve pas les mots pour le dire.

Prêtons-lui un mot, la haine, celle qui est nichée au plus profond de ce cerveau humain dont nous parle Henri Laborit dans *L'Homme et la Ville* : l'homme continue d'utiliser son cerveau reptilien et son système limbique

1. Steve Salerno, *Sham. How the Self-Help Movement Made America Helpless*, New York (NY), Crown, 2005.

2. Paul Krugman, « The Urge to Purge », *New York Times*, 27 juin 2011 ; http://krugman.blogs.nytimes.com/2011/06/27/the-urge-to-purge/.

afin de maintenir sa domination sur les autres hommes et sur la nature[1]. Il a besoin pour confirmer cette domination d'imposer la souffrance, de la voir et même d'en jouir. « Le but de la punition, dit Hobbes, n'est pas la revanche mais la terreur. » Nietzsche a écrit ses pages les plus fortes sur ce thème. Nous sommes loin de l'Utopien de Thomas More qui n'aime rien moins que voir le bonheur de l'autre, du bon sauvage de Jean-Jacques Rousseau ou de l'homme dont l'âme aspire au bien de Kant. Les thèses d'une hiérarchie sociale imprimée dans la chair souffrante de l'autre commencent à être corroborées par des études anthropologiques plus récentes.

Bref, on se sentirait moins riche s'il n'y avait pas de pauvres et si nous ne pensions pas qu'ils le méritent pour leurs péchés. Nous sommes humains. « Ce que les hommes désirent, continue Hobbes, ils l'appellent bien et ce qu'ils haïssent, ils l'appellent mal. » Si nous désirons avec tant de passion la prospérité pour nous-même, la pauvreté de l'autre est un péché haïssable, preuve d'une déficience morale. Ayn Rand avait permis aux riches de nommer la richesse « bien moral ». Rick Santorum leur permet de nommer la pauvreté « péché », en l'associant à la dépravation sexuelle. Ayn Rand avait donné cette « permission » au moment où la mondialisation ouvrait des possibilités de richesses sans limites. Rick Santorum jette l'anathème sur les pauvres au moment où, après la crise économique, ils sont de plus en plus nombreux.

Les riches sont plus riches, les pauvres plus pauvres. Le fossé entre riches et pauvres aux États-Unis s'est creusé ces dernières années. Le 1 % des familles les plus riches possèdent en moyenne une fortune 225 fois supérieure à la

1. Henri Laborit, *L'Homme et la Ville*, Paris, Flammarion, 1971.

famille américaine moyenne, a indiqué l'Institut libéral EPI (Economic Policy Institute) de Washington. La différence n'a jamais été aussi importante entre ces deux catégories et ce depuis la première série d'études, effectuée en 1962. En 2007, l'indice était de 181 et, dans les années soixante, de 125. En 2009, le 1 % des plus riches possédait en moyenne quelque 14 millions de dollars (10,6 millions d'euros). Cela représente une augmentation de 27 % depuis 2007. Pour les 99 %, c'était le recul partout.

L'euphorie du 1 % se double d'une petite inquiétude à mesure que la pauvreté devient de plus en plus visible et possiblement dangereuse. « Au fur et à mesure que l'État-providence est démantelé, il est remplacé par les dures réalités de l'État-punition avec des problèmes sociaux de plus en plus criminalisés. Les valeurs dures de ce nouvel ordre social sont révélées par les taux d'incarcération des jeunes, de plus en plus jeunes, la modélisation des écoles publiques sur le modèle des prisons, et les lois anti-immigration très dures[1]. »

Les prisons regorgent de prisonniers, le droit pénal américain étant devenu de plus en plus répressif, en particulier à partir des années 1970. Reagan fit triompher le slogan *Get tough on crime* (« Soyez durs contre le crime »). Le taux d'incarcération, qui était déjà l'un des plus élevés des pays industrialisés dans les années soixante-dix, quadrupla en quinze ans : on passe de 240 000 détenus en 1975 à près de 1 million en 1995, puis 2 millions en 2005.

Pour l'idéologie de la haine froide, c'est une consécration et disons même que, parfois, c'est un plaisir. On

1. Henry A. Giroux, « Trickle-Down Cruelty and the Politics of Austerity », *Truthout*, 11 juillet 2011 ; http://www.truth-out.org/trickle-down-cruelty-and-politics-austerity/1310134880.

en parle peu sinon pas du tout, mais comment expliquer l'histoire de l'humanité sans ce plaisir de destruction qui la traverse de temps à autre ? Il y a une jouissance à punir, cela Nietzsche et Foucault nous l'ont dit, mais ils ne sont pas allés assez loin : il y a aussi une jouissance à détruire une montagne, polluer une rivière, abattre des animaux en voie d'extinction et à détruire à jamais des cultures trop faibles pour résister.

La guerre économique n'est pas une métaphore vide.

CONCLUSION

Droit ou non-droit, telle est la question !

En 1967 un jeune activiste noir, H. Rap Brown, provoqua un scandale médiatique en déclarant que « la violence était aussi américaine que la tarte aux cerises » (*Violence is as American as cherry pie*). On s'indigna d'autant plus fort que la tarte aux pommes est un symbole national, mais on savait aussi, dans les milieux informés, qu'il n'avait pas tort : haine et violence – ces siamoises qui partagent les mêmes tripes – font partie du paysage politique américain.

Pourtant, cela n'a rien d'américain. Elles sont dans le paysage humain. Elles ont pour nom génocides, qui plongèrent l'Europe dans une quasi-apocalypse, conquêtes sanglantes, qui dépeuplèrent les Amériques. Elles s'appellent guerres de tranchées ou de l'espace, elles sont croisades, guérillas, escarmouches. La cible de la haine, la plupart du temps, c'est l'étranger, mais parfois elles se retournent sur elles-mêmes. Ce sont les guerres civiles. *Thanatos*, le principe de mort, est enlacé, semble-t-il à jamais, à *Eros*, le principe de vie. Pour Platon, c'était une danse tragique cadencée par le destin ; seuls les fous voudraient aménager l'espace et le temps, « l'image mobile », et donc illusoire, « de l'éternité ».

Aucun de ses disciples n'osa le contredire, mais nous nous serions mortellement ennuyés avec ce qu'il proposait : une

République, gérée par des philosophes-rois, âgés de surcroît, autour de lois immuables ; nous nous sommes aussi lassés de chanter la marche du destin dans les chœurs de la tragédie grecque. Nous sommes des animaux, non seulement « inquiets » (*in-quietus*, « jamais en repos »), mais aussi les plus curieux des primates, qui le sont déjà beaucoup. Nous croyons au « génie humain » dont on peut admirer les manifestations du hublot des avions qui survolent de nuit les villes illuminées.

Nous voulons oublier la métaphore d'Adam croquant la pomme du savoir, et autres avertissements dont les mythes nous accablent. Notre curiosité est justifiée car, pensons-nous, grâce à nos connaissances nous allons détacher peu à peu *Eros* de son macabre partenaire. La foi dans le progrès nous fait danser à l'inverse du rigodon : deux pas en avant et un pas en arrière, et si les violences détruisent beaucoup, nous nous empressons d'ajouter qu'elles construisent bien davantage. Après tout, rappelle le politologue Charles Tilly : « La guerre fait l'État et l'État fait la guerre[1]. » Tous les États d'Europe sont enfants de la haine et ont du mal à l'oublier. Comment le pourraient-ils ? Les galeries du Louvre et d'autres musées sont plastronnées du sang des trucidés et torturés de temps immémoriaux. Quant aux trophées couverts d'or, d'argent et pièces précieuses qui servaient aux parures des dames, ils ont été forgés sur les destructions les plus cruelles. En fin de compte, susurrent ceux qui ne l'ont pas faite, la guerre en vaudrait la peine.

Notre début de millénaire a adopté la même dialectique : la haine serait un passage nécessaire. Qu'elle se

1. Charles Tilly, *Coercion, Capital, and European States, AD 990-1992*, Oxford, Blackwell, 1992, 3e chapitre, « How war made States and *vice versa* ».

soit déplacée vers des formes moins sanglantes et se manifeste par d'autres médiums ne change rien aux pulsions qui l'animent ni aux justifications dont elle s'entoure. La guerre, même refroidie par les chiffres, puise sa force dans ce second cerveau qu'est « le ventre[1] », aux mêmes fins que les guerres physiques : la destruction indirecte sans provocations, remords ou limites, des corps et des âmes, des cultures, des solidarités et des fragiles modes de vie qui se sont formés sur des siècles.

Les destructions froidement calculées qui font aujourd'hui pleurer le monde puisent aux sources chaudes d'un passé culturel collectif. Aux États-Unis elles ont pour nom *ressentiment* et *colère*.

Le ressentiment social américain tient d'une mauvaise digestion : celle des politiques visant à donner un statut égalitaire à des groupes qui ont été très longtemps considérés comme inférieurs. L'erreur fut tout simplement de croire que ce ressentiment se résorberait, lentement mais sûrement. On en avait après tout la preuve éclatante avec l'élection d'un président américain noir. Voilà qui était impensable il y a seulement un demi-siècle, époque où Rosa Parks, en osant s'asseoir dans un autobus réservé aux Blancs, déclencha la révolution dont Martin Luther King prit la tête.

1. La digestion des aliments n'est pas la seule fonction de l'intestin. Il contient plus de 100 millions de neurones, sécrète au moins 20 neurotransmetteurs identiques à ceux que l'on trouve dans le cerveau, produit 70 à 85 % des cellules immunitaires de l'organisme et héberge 100 000 milliards de bactéries. Les travaux du Pr Michael D. Gershon, titulaire de la chaire d'anatomie et de biologie cellulaire de l'université de Columbia et membre du College of Physicians and Surgeons, présente l'intestin comme un véritable « second cerveau », titre de son ouvrage paru en 1998, *The Second Brain*, New York (NY), Harper Collins.

Un demi-siècle, c'est très court lorsqu'il s'agit d'absorber dans l'inconscient collectif des sentiments aussi profonds que le racisme. Les cultures établies ont une longue mémoire chargée de colères qui grouillent sous la surface où règne la tranquillité apparente de l'ordre et du droit ; elles ne disparaissent pas (ou très lentement) et prennent avantage de la moindre fissure pour rejaillir avec une violence égale à la compression qui leur a été imposée. On l'a vu à la mort du maréchal Tito : la Yougoslavie s'est désintégrée en quelques mois ; ont refait surface, plus violentes que jamais, les haines ataviques, raciales, religieuses et ethniques, qui surprirent ceux qui n'avaient pas assez écouté. Aux États-Unis, la crise économique fut le déclic qui raviva les peurs viscérales. On ne supporte toujours pas, dans les États américains du Sud, l'idée que d'anciens esclaves aient des droits, même si l'on se garde bien de le dire. Dans d'autres, on ne supporte plus les protégés de l'État-providence que l'on toléra pendant les années de prospérité. La violence de cette haine a été induite par l'idéologie d'Ayn Rand qui a convaincu de braves gens qu'ils nourrissaient des parasites qui se moquaient d'eux. Pourquoi s'étonne-t-on ? Au fur et à mesure que la situation économique se dégrade, la colère monte et des « groupes de haine » se constituent en réseaux souterrains. En 2010, le Southern Poverty Law Center, qui en étudie la progression depuis trente ans, en dénombrait 1 018. En 2011, il y en avait 1 274. Et il y en aura de plus en plus, car l'internet tisse autour de la planète des réseaux virtuels qui ne demandent qu'à s'incarner.

L'autre source chaude de la haine se traduit dans la frustration de ceux qui sont privés de l'ivresse des grandes libertés d'un passé de légende, cet *âge d'or* que l'on retrouve dans les mythes fondateurs autour desquels se créent les civilisations. En période de crise, c'est un point de ralliement pour construire ou pour détruire. Hitler a déliré sur une époque bénie des dieux où les beaux Aryens, aux dents parfaites, blonds et musclés, régnaient en maîtres. Al-Qaïda puise toute sa force non pas dans les armes mais dans les mots qui rendent si attrayant, aux jeunes musulmans perdus dans un monde difficile, cet âge d'or mythifié du Califat, recréé par des mots porteurs de sens[1].

Aux États-Unis, l'âge d'or est ce temps glorieux où l'on découvrait le Far West, où des plaines s'étendaient à perte de vue, prêtes à la conquête et donc aux rêves des prospecteurs, aventuriers, entrepreneurs et cow-boys qui n'avaient pour tout bagage que « Dieu au cœur, le courage aux tripes et un colt sur la hanche[2] ». *God, Guts and Guns Made US Free* est l'un des slogans les plus populaires du Tea Party. Quand le présent est chaotique, quand l'avenir fait peur, on rêve du passé. Le Far West, tel que réécrit par l'imaginaire hollywoodien, est un monde de liberté, sans limites, sans règlements, à l'exception de quelques lois imposées par des shérifs qui portaient eux aussi leurs armes ceinturées sur les hanches, dégainaient vite et savaient pendre, quand il le fallait, les criminels aux branches des arbres ; c'était un monde de liberté et de promesse de richesses rapides dont on s'enivrait. On veut retrouver le vertige, non seulement parce c'est un âge d'or mais parce que l'on pense qu'il s'agit d'une formule de réussite.

Le slogan du Tea Party n'est pas une simple décoration

1. Mathieu Guidère, Nicole Morgan, *Le Manuel de recrutement d'Al-Qaïda*, Paris, Seuil, 2007.

2. En 1978, l'*American Heritage Magazine* résuma *L'Esprit des (non) lois* par ce slogan célèbre repris *ad nauseam* par les ultra-conservateurs : « C'est Dieu, le courage aux tripes et les fusils qui ont donné la liberté à l'Amérique. Qu'il en soit toujours ainsi ! » (*God Guts and Guns Made America Free. Keep it that way!*)

sur les tee-shirts. Ce n'est pas par accident si Sarah Palin se fait photographier, chaque fois qu'elle en a l'occasion, un fusil à la main, auprès de la dépouille d'un animal (si possible très gros) qu'elle a abattu. Ce n'est pas sans signification qu'au lendemain de chaque massacre sur les campus américains (Colombine ou VirginiaTech), la National Riffle Association – le lobby tout-puissant des armes à feu – délègue ses ténors afin de contrer toute législation de contrôle des armes à feu. Au contraire, la solution qu'ils proposent, c'est d'armer les étudiants et les professeurs afin qu'ils ne se laissent pas abattre comme des agneaux, mais puissent, légitimement, se défendre. Comme tous les arguments qui utilisent la peur et l'insécurité, celui-ci est lucratif. Depuis 1989, les fabricants d'armes à feu ont introduit, chaque année, 3,5 millions d'armes aux États-Unis. Un chiffre qu'il faut comparer à la croissance annuelle de la population qui tourne autour de 2,7 millions d'Américains dont ceux trop jeunes pour porter un fusil. L'Amérique profonde est en train de s'armer jusqu'aux dents, forte de son droit, garanti par le deuxième amendement de la Constitution, à être armée. C'est une mauvaise interprétation du droit du port d'arme tel que défini par Hobbes, mais l'Amérique profonde n'aime pas les nuances. On veut retourner à un âge d'or mythifié et simpliste.

Revenons au temps où Buffalo Bill massacrait en toute impunité Indiens et bisons qui se trouvaient sur son chemin et faisaient obstacle à la conquête de l'Ouest. Il finit néanmoins par atteindre cet Ouest et son ivresse guerrière redescendit d'un cran. Les temps des conquêtes sont toujours suivis de périodes d'accalmie consacrées à la gestion.

Dans bien des milieux intellectuels américains, on s'attend

donc qu'une fois les ressentiments exprimés, la haine et les invectives éventées, les nouveaux terrains conquis, les plateaux de la balance de la déesse Justice reviennent à l'équilibre. Ce n'est après tout pas la première fois, rappelle-t-on, que, lors d'une crise, les ultras ressassent les vieux racismes et versent dans la nostalgie de l'âge d'or, la colère en plus. Nous avons déjà mentionné que le républicain ultraconservateur Barry Goldwater a fait d'Ayn Rand dans les années soixante un modèle de modération. Il était fier de se faire traiter d'extrémiste : « L'extrémisme dans la défense de la liberté n'est pas un vice », répliqua-t-il dans son discours électoral de 1964. Il perdit l'élection, vieillit et modéra ses idées jusqu'à un certain progressisme.

La droite de 2008 a été, reconnaît-on, particulièrement enragée d'avoir dû concéder le pouvoir à un président démocrate et, qui plus est, noir ; elle se calmera, disent les sages, et elle aurait commencé, semble-t-il. Les ultras prennent quelque distance avec Ayn Rand. Le républicain Paul Ryan notamment ne la donne plus en lecture obligatoire à ses employés et convoque une conférence de presse pour le dire. Nombreux sont ceux qui veulent croire à l'équilibre des pouvoirs que garantirait le bipartisme américain. Chaque parti pousse ses programmes à l'excès jusqu'à ce que l'autre parti réagisse. Il aurait fallu cette colère pour obliger les démocrates à abandonner certains aspects irresponsables de l'État-providence qui tend lui-même à ne pas aimer les limites lorsqu'il s'agit de distribuer de nouveaux droits ou des fonds.

C'est cela l'Amérique, veut-on croire. L'équilibre des pouvoirs était, après tout, l'obsession des Pères fondateurs et c'est dans cet esprit qu'a été conçu le Congrès. On débat avec passion à la Chambre des Représentants et au Sénat. Le Congrès est fait pour cela. Ne nous laissons pas distraire, nous dit-on, par l'aspect théâtral qu'ont pris, médias aidant, les négociations. Car, derrière la scène, d'autres négociations vont bon train et l'économie suit son cours dialectique : thèse, antithèse, synthèse ! Droite, gauche, compromis. Récession, croissance, stabilisation. L'essentiel est qu'on progresse.

Laissons de côté Hegel pour nous essayer à une autre lecture, faite de ruptures des continuités, de départs de nouveaux cycles, de régressions sur une longue durée et de perte définitive d'hégémonie, sinon de mort de civilisation. Car cette fois-ci, il n'y a pas eu d'antithèse politique, de compromis digne de ce nom. Pour commencer, Paul Ryan n'abandonne pas ses vues néo-conservatrices. S'il rejette Ayn Rand, c'est qu'il l'a peut-être enfin lue, et qu'il vient de découvrir qu'elle était athée et en faveur du libre choix en matière d'avortement. Mais il ne transige en rien sur la nécessité de réduire au minimum les prérogatives de l'État. Quant à l'alternance des visions politiques débattues au Sénat ou à la Chambre des Représentants, elle n'est plus. Pendant les quatre années du mandat du président Obama, les ultras ont réussi, en utilisant tous les moyens, y compris l'obstruction de procédure (connue sous son nom américain *filibuster*[1]), à bloquer systématiquement toute initiative qui ne cadrait pas avec leur idéologie. Seule une politique d'assurance santé, qui avait pour but de couvrir les quelque 50 millions d'Américains qui n'en bénéficiaient d'aucune, est passée de justesse. Pour le reste, aucun compromis n'a pu être mis en discussion, même

1. Le *filibuster* est une procédure d'obstruction parlementaire permettant à un sénateur de retarder la survenue d'un vote. Elle ne peut être stoppée que par le vote d'au moins 60 des 100 élus siégeant au Sénat. En France, elle correspond à déposer une avalanche d'amendements.

si (et parce que) le président Obama a été conciliant et a maintenu, envers et contre toute évidence, sa quête d'une unité nationale, promise lors de sa campagne électorale de 2008. Ce centrisme à tout prix, que d'aucuns ont comparé à la volonté de compromis de Chamberlain, a été dénoncé comme « le culte qui est en train de détruire l'Amérique[1] ».

La balance du pouvoir semble donc avoir perdu ses plateaux, car le pouvoir a quitté depuis longtemps la Cour de justice et les lieux d'équilibre sur lesquels avaient tant travaillé Hobbes, Locke, Montesquieu et les Pères fondateurs de l'Amérique. D'autres plaines immenses se sont ouvertes sans limites géographiques (pense-t-on) ni technologiques, puisqu'elles couvrent une planète ronde. Le temps des conquistadors tout-puissants et ivres d'eux-mêmes est revenu en force et ils sont enragés, ne s'intéressant nullement à l'équilibre des pouvoirs et autres artifices de la démocratie. Avec tout l'argent du monde, ils veulent tout le pouvoir, promettant aux naïfs cet âge d'or prospère qui a fait l'Amérique. Et ils sont en train de prendre ce pouvoir.

Nous voici au centre de cette idéologie qui est d'une simplicité si bouleversante qu'on veut croire que les équations et ordinateurs dont elle s'entoure sont la preuve d'une rationalité en marche. Elle ne l'est pas. Elle se déguise en « science économique », mais il s'agit en fait d'un pouvoir brutal. On a affaire ici à une méga-conquête dont l'avidité est à la mesure des fortunes à faire. Elle ne veut pas s'encombrer des droits acquis et surtout ne veut pas être

1. Paul Krugman, cité par Frank Rich dans un article du *New York Magazine*, « In Praise of Extremism », octobre 2011 ; http://nymag.com/news/frank-rich/bipartisanship-2011-10/index1.html.

freinée par de nouvelles législations environnementales qui limiteraient son droit d'user et abuser d'un *Far West* devenu global. Comme tous les pouvoirs du non-droit, celui-ci ne supporte aucune autre autorité, fût-ce celle de la science. Il supporte encore moins les journalistes trop curieux. Les gouvernements qui embrassent cette idéologie commencent, dès leur arrivée au pouvoir, par museler ces deux sources de contestation possible. Sous le prétexte de restrictions budgétaires, par exemple, ils ferment les centres de recherche des institutions publiques, dont ils ont le contrôle : leurs conclusions pourraient freiner, sinon bloquer, ces néo-conquistadors. George Bush fut maître en la matière. D'autres pays suivent son modèle.

Les néo-conquistadors veulent se réapproprier en les privatisant tous les *communaux* américains, tels les parcs nationaux, les rivages, les rivières, les lacs et l'accès à toutes les sources d'énergie. Ils veulent s'approprier les écoles, les prisons, l'armée. Ils veulent, ce faisant, se débarrasser de toutes les réglementations qui limiteraient les profits ou feraient obstacle à de nouvelles possibilités d'exploitation, aux États-Unis comme à l'étranger. Les compagnies d'assurance santé ne veulent surtout pas de la concurrence que serait une assurance maladie offerte par l'État, moins onéreuse et plus complète. L'agro-business ne veut pas d'inspecteurs dans les abattoirs qui refuseraient des viandes suspectes. Les industries de la pêche ne veulent aucune limite à la prédation des océans. On ne veut pas d'environnementalistes dans les champs de maïs qui s'inquiéteraient de l'impact des transgéniques, ni d'analystes qui voudraient limiter l'utilisation des oméga-6. Les compagnies pétrolières ne veulent pas s'encombrer d'ingénieurs trop tatillons qui ralentiraient ou bloqueraient même la construction de plates-formes de forage sur les littoraux. Les compagnies pharmaceutiques ne rêvent que de transgresser les recommandations de la FDA (Food and Drug Administration). Les prisons privées, qui font travailler les détenus pour quelques dollars, ne veulent certainement pas que des lois sur le travail viennent réduire leurs bénéfices, pas plus qu'elles n'ont avantage à se faire imposer des programmes de réhabilitation qui réduiraient le nombre de leurs clients (il faut savoir que les prisons américaines détiennent 25 % de *tous* les détenus du monde). Quant aux banques, elles ne veulent aucun contrôleur financier qui pourrait les empêcher de faire des fortunes aussi rapides que malhonnêtes.

Les néo-conquistadors, forts d'une idéologie qui légitime leur avidité, sont en train de réussir. Légère en pensée et lourde en passion, cette idéologie est dangereusement efficace : elle a réussi à créer une hystérie collective chaque fois que sont prononcés les mots *règlements*, *impôts* et *limites*, associés respectivement à *socialisme*, *vol gouvernemental* et *atteinte à la liberté*. Pour apprécier sa force, il faut rencontrer les porteurs de pancarte du Tea Party qui réclament l'abolition des avantages sociaux dont ils bénéficient eux-mêmes, mais qu'ils n'ont pas conscience de devoir au gouvernement et donc aux impôts qu'ils dénoncent. C'est le stade éminemment dangereux où « raison » et « droit » n'ont plus droit de cité.

Pourtant, parlons-en du droit ! Le droit, par définition, limite le champ du possible que gèrent en son nom des institutions publiques. Pour les néo-conquistadors, ce qui est demandé, ce n'est pas le droit mais le retour du non-droit ! C'est le but qu'ils cherchent à atteindre et dont on ne voit pas l'aspect essentiel parce qu'il a été noyé sous un fatras de justifications savantes proposées par une science qui n'en est pas une : l'économie. On le voit d'autant moins que l'attention du public est sans cesse détournée par des débats sur des problèmes triviaux ou hautement émotionnels et donc… distrayants. Toute une stratégie a été construite autour de la fameuse phrase de Machiavel : « Le vulgaire se prend toujours aux apparences, et ne juge que par l'événement. »

Le « vulgaire », l'homme commun, n'a pas été le seul à ne pas se rendre compte qu'une prise de pouvoir se faisait à son nez et à sa barbe. Lors du débat au Congrès sur le plafonnement de la dette, presque tous les observateurs bien-pensants de la capitale étaient certains que les républicains qui demandaient des coupes radicales dans le budget n'oseraient jamais provoquer l'insolvabilité du pays en refusant à la Maison-Blanche l'autorisation (de routine) de relever le plafond de la dette souveraine. Ils ne voyaient dans l'extrémisme de leurs démarches qu'une négociation classique où l'on demande beaucoup pour obtenir peu. Mais surtout ils ne pouvaient concevoir que le bien commun ne soit plus ce qui présidait au Congrès, qui se drapait de nationalisme et de grand discours sur l'amour du pays. Non seulement les néo-conquistadors osèrent mais, forts du Tea Party dont ils se disaient les représentants, ils s'affichèrent comme les défenseurs de la Grande Amérique, qu'ils étaient prêts à détruire cependant.

Le gouvernement fédéral, pris en otage, avait perdu le pouvoir qui lui avait été conféré par les urnes : soit il acceptait les demandes du parti (non élu) de réduire les dépenses fédérales selon ses *desiderata*, soit il ne pouvait plus payer ses employés et honorer ses dettes. Comme on l'a vu plus haut, ce climat d'instabilité poussa l'agence de notation Standard & Poor's, qui tient le fouet de la « discipline du marché », de supprimer un A au triple A américain.

Ce fut un moment choc où, nous dit Frank Rich, la *gentry* de Washington commença à comprendre qu'il se passait quelque chose de nouveau et que le pays était en danger. Certains démocrates se mirent aussi à se poser des questions sur le président qui continuait de faire comme si rien ne s'était passé. Même au lendemain du vote, il continuait à dire qu'en répartissant les tensions, il allait rallier à sa cause les indépendants qui forment ce juste milieu auquel il aspire tant. (Ce fut le contraire : les « indépendants » l'abandonnèrent en masse. Machiavel le lui aurait dit, mais Machiavel est mort depuis longtemps.)

Cet épisode laissa bon nombre d'observateurs pantois, sinon désespérés. « Et que va-t-il arriver, soupira Paul Krugman, si nous devenons une république bananière, avec une bande de dingues extrémistes qui ont tant de pouvoir d'obstruction qu'il nous est impossible de mettre de l'ordre dans notre maison[1] ? » Paul Krugman n'emploie pas ces mots à la légère. Il parle de la folie apparente de certains membres du Tea Party dont les propos rivalisent d'incohérence, mais on peut aussi donner à ces mots le sens médical de *psychose* qui caractérise le fonctionnement du monde des affaires, représenté avec force au Congrès. Joel Bakan en fait une analyse juridique des plus importantes dans son livre sur le monde des affaires[2]. Ce professeur de droit pense en effet que les bases légales des entreprises modernes les induisent à des comportements psychotiques, totalement coupés de la vie humaine. Ce n'est pas juste une attitude, c'est la loi. Le principe de devoir agir dans le meilleur intérêt des entreprises, explique-t-il, est maintenant passé dans les règlements des sociétés de la plupart des pays. Il oblige les décideurs des entreprises à toujours agir dans

1. http://krugman.blogs.nytimes.com/2011/05/13/hitting-the-ceiling/.

2. Joel Bakan, *The Corporation. The Pathological Pursuit of Profit and Power*, New York (NY), Free Press, 2005.

le meilleur intérêt de la société qu'ils dirigent, et donc de ses actionnaires. La loi leur interdit d'agir pour toute autre motivation : que ce soit pour aider les travailleurs, pour améliorer l'environnement, ou aider les consommateurs à économiser de l'argent. Ils peuvent le faire mais à titre privé uniquement. Mais, en tant que représentants des entreprises en revanche, ils sont les gardiens de l'argent des actionnaires et n'ont aucune autorité légale pour poursuivre d'autres objectifs… Leur seul but est de maximiser la richesse des actionnaires. Toute autre responsabilité, fût-elle hautement sociale, est donc illégale. Les dirigeants deviennent psychotiques lorsqu'ils n'obéissent qu'à la logique binaire du « rentable/non rentable » et présentent deux des caractéristiques de la psychose : le manque d'empathie et le manque de remords. C'est la signification profonde de la parole de Chesterton : « Le fou a tout perdu sauf la raison. »

Ajoutons que le déplacement des pouvoirs vient d'être encore renforcé par la Cour suprême des États-Unis en 2010, qui a consolidé le statut de « personne » octroyé aux *corporations* et leur a donné ainsi le droit de faire des dons sans limites aux politiques dans le cadre du premier amendement. Ce n'est pas direct mais les grosses entreprises ou leurs représentants peuvent désormais verser, par l'intermédiaire des super-PAC (Political Action Committees) des millions de dollars afin de soutenir les candidats aux élections dévoués à leur cause. Et elles le font. Lors de la campagne de 2012, la plupart des fonds versés aux comités d'action politique sont venus non pas des sociétés, mais de ceux qui leur doivent leur fortune. Selon le Center for Responsive Politics, les 100 individus les plus généreux des PAC 2011-2012 ne représentaient que 3,7 % des contributeurs, mais ils ont versé plus de

80 % du total des fonds. Les grosses fortunes sont toutes présentes et on retrouve nos *sugar daddies*, encore eux, qui ont sucré abondamment le Tea Party, plus généreux que jamais[1]. C'est ainsi que le PAC « Restore our Future » a versé plus de 40 millions de dollars à la campagne de Mitt Romney, le candidat républicain.

Cela rappelle les pratiques des républiques bananières et nous ramène au commentaire de Paul Krugman. Si cette qualification a tendance à être employée à la légère à l'encontre des gouvernements, ici elle a le sens bien plus précis d'une *ploutocratie* : un gouvernement par les riches. Platon et Montesquieu auraient proposé *oligarchie*, mais sa composante héréditaire ne convient pas non plus à la réalité hautement mobile de notre époque.

En revanche, les attributs de la *ploutocratie* et de l'*oligarchie* conviennent à ce pouvoir de non-droit et à son cortège d'abus, d'arbitraire, d'absence d'institutions publiques gérant un bien commun (qui n'existe plus), de corruption et de distribution inégale des richesses. Autant de signes d'asservissement des masses qui sont déjà manifestes aux États-Unis et que des économistes ont détaillés dans leurs recherches. Michael Hudson notamment[2] parle de « nouveau servage » à propos des pays qui ont privatisé à la hâte tous leurs biens et le domaine public : « Le mot "réforme"

1. On en lira avec intérêt la liste ; http://www.opensecrets.org/outsidespending/summ.php?disp=D.

2. Michael Hudson est professeur d'économie à l'université du Missouri et chercheur au Levy Economics Institute du College Bard. Il fut analyste à Wall Street. Un de ses derniers ouvrages est titré *Global Fracture. The New International Economic Order*, Londres, Pluto Press, 2005. On lira avec intérêt l'article « Il faut annuler les dettes et non pas renflouer les créanciers » ; http://contreinfo.info/article.php3?id_article=2766.

dans les pays Baltes comme en Russie, explique-t-il, prend maintenant une connotation négative. Il signifie désormais la régression vers la dépendance féodale. Mais alors que les seigneurs féodaux de Suède et d'Allemagne dirigeaient leurs manoirs lettons par le pouvoir que leur octroyait la propriété des terres, désormais ils contrôlent les pays Baltes par des hypothèques en devises étrangères sur le patrimoine foncier de la région[1]. »

Krugman et Hudson ne font pas l'unanimité. Francis Fukuyama notamment fait remarquer que les riches ont toujours eu une influence politique disproportionnée ; la situation présente n'aurait rien de vraiment inquiétant. Mais il semble avoir lui-même du mal à le croire. Plus nombreux sont ceux qui pensent qu'il se passe quelque chose de « nouveau dans l'expérience américaine » pour reprendre les termes du… général Dwight David Eisenhower. En 1960, trois jours avant qu'il ne cède le pouvoir au démocrate John Fitzgerald Kennedy, il déclara s'inquiéter de la montée du complexe militaro-industriel. « Cette conjonction d'un immense establishment militaire et de la grande industrie de l'armement, dit-il, est nouvelle dans l'expérience américaine. Son influence – économique, politique, spirituelle, dirions-nous – est ressentie dans chaque ville, chaque État de l'Union et dans tous les bureaux du gouvernement fédéral. Nous reconnaissons qu'il y a nécessité impérative à ce développement. Et pourtant, nous ne pouvons pas ne pas réfléchir sur ses graves implications. Notre labeur, nos ressources et nos moyens de subsistance sont concernés ; comme l'est la structure même de notre société[2]. »

1. http://northstarcompass.org/french/nscfr82/lettonie.htm.

2. *Public Papers of the Presidents*, « Dwight D. Eisenhower », 1960, p. 1035-1040.

Ike était un républicain de la vieille école dont on trouve encore quelques représentants au Congrès. Mais ils sont de moins en moins nombreux. Certains républicains et démocrates ne cherchent même plus à se faire réélire, incapables qu'ils sont de supporter ce qu'ils pensent être la fin des États-Unis d'Amérique tels qu'ils les ont connus et représentés, et c'est vraiment mauvais signe. Ils ne supportent plus non plus les invectives et hurlements qui accompagnent les débats lorsqu'ils osent questionner le bien-fondé des impératifs que sont devenues *croissance*, *déréglementation*, *baisse d'impôt* et *réduction des dépenses du secteur public*.

George Soros, le milliardaire, capitaliste avoué et avocat passionné de la démocratie, n'aime ni les obstructions parlementaires, ni les slogans qui lui rappellent ceux des régimes nazis et communistes qu'il a connus. Il suit avec inquiétude ce qui est une régression vers une ploutocratie mais, dit-il, aussi vers « une des périodes les plus dangereuses de l'histoire moderne : la période du "*Mal*" ».

Sans tomber forcément dans le manichéisme, force est de conclure que la période est d'autant plus dangereuse que l'idéologie de la haine froide est universelle, d'où l'importance de comprendre ce qui se passe aux États-Unis, une puissance qui dispose de la plus forte armée du monde en termes de budget (688 milliards de dollars en 2010, soit 45 % du budget officiel de la défense mondiale). Ce simple pourcentage, en l'absence de gouvernement mondial qui mettrait de l'ordre, lui donne un poids politique démesuré. Poids qui n'a de politique que le nom lorsqu'on connaît la puissance de l'industrie de l'armement ; une puissance de l'ombre dont le maillage recouvre maintenant toute la planète.

Il faut d'autant replacer Washington au sein du contexte global qu'en matière de mondialisation la naïveté géopolitique risque de faire autant de victimes que le firent, dans les années trente, les mouvements pacifistes européens. Non seulement il n'y a pas de « main invisible » qui va forcer les entreprises internationales à s'autoréguler et à devenir morales, mais il n'y a pas de gouvernement mondial qui puisse imposer seul un ordre, après la conquête du Far West.

L'Europe n'a pas de Far West et n'a pas connu l'ivresse de plaines infinies depuis fort longtemps. Elle est lourde de temps et d'histoire, aveuglée par ses propres idéologies et terrifiée par les changements qu'elle est incapable de gérer. *God, Guts and Gun* n'est certes pas sa devise et si on attaque avec virulence des gouvernements particuliers, on ne demande jamais de les abolir. Ses élites en sont restées au stade de l'admiration de l'esprit d'entreprise du géant américain et l'Europe a mordu à l'hameçon d'un discours unique sur la croissance, répété par les « hommes de Davos », pour reprendre l'expression de Samuel Huntington.

On propose en Europe donc des privatisations de prisons par exemple qui ne font que prouver que personne n'a pris le temps de lire le dossier sur la privatisation des prisons américaines. On parle dérégulation des accès aux sources d'énergie, privatisation à l'appui, sans vouloir faire entrer dans les calculs d'autres critères que celui de la rentabilité. On coupe les vivres des institutions publiques – de fait trop lourdes –, mais en ne comprenant pas qu'il ne faut pas jeter le bébé avec l'eau du bain : qu'elles sont d'abord le lieu de l'implémentation de la démocratie, et qu'elles sont ensuite productrices d'emplois stables qui forment le substrat de la classe moyenne qu'on espère reconstruire avec des emplois du privé.

On utilise aussi la crise économique européenne, résultat de politiques mal pensées et mal gérées, pour menacer l'Europe de la férule de la discipline du marché international. Elle se sent d'autant plus coupable qu'elle n'a pas de contre-discours sur ce que devrait être le droit des États modernes dans le contexte de la mondialisation. Car tout est à redéfinir en la matière : droits citoyens (qui est le citoyen ? qui est l'étranger ?), droits individuels et droits collectifs, propriété (l'homme est-il locataire de la terre, comme le voulait Kant ? qui possède les sols, les sous-sols et les patrimoines ?), droit d'accès et d'exploitation des biens publics locaux, des biens publics de la planète, définition de nouveaux crimes contre l'humanité (crimes économiques et écologiques).

Pourquoi faut-il gérer ce qui paraît de plus en plus ingérable ? Tout simplement parce que l'alternative est le non-droit qui devient très vite force politique, les êtres humains craignant l'instabilité, comme nous le rappellent Machiavel ou Hobbes. Pendant que tout le monde ne parle que d'économie, le monde de la *real politik* trace son chemin. C'est un monde où des déséquilibres démographiques comme on n'en a jamais connu s'ajoutent à des pénuries de ressources essentielles à la survie, le tout sur un fond de changements climatiques qui bouleversent toutes les donnes. C'est un monde où les êtres humains, égarés dans le chaos propre aux grands changements, non structurés par un droit qui les protège, vont se regrouper, comme ils l'ont toujours fait, autour des drapeaux du nationalisme, des prêcheurs de tout acabit, des groupes fascistes, des groupes de haines, des mafias, des intégrismes. Plus grande est l'angoisse, plus grande sera la demande d'une structure autoritaire.

Cela dit, ce serait manquer d'imagination que de terminer sur un scénario aussi désespérant.

D'abord parce qu'il faut faire confiance à la bêtise et à l'incompétence si caractéristiques des idéologies dures.

Comme toutes les névroses dont elles sont une représentation sociale, elles dépensent en effet tant d'énergie psychique à se raconter une histoire qu'elles sont de moins en moins capables de s'adapter aux changements petits et grands qui font la vie sociale et politique de tout pays. C'est un secret bien gardé masqué par des fanfares, défilés d'armes, déploiement d'ordinateurs, mais c'est bien cette incompétence concomitante qui finit par ronger l'édifice. John Kenneth Galbraith avoua avoir été surpris lorsqu'il découvrit l'Allemagne d'après guerre où il eut l'occasion de rencontrer les apparatchiks allemands encore en vie, soit pour les interroger, soit pour utiliser leur compétence afin de reconstruire le pays en ruines. Influencé comme tout le monde par la propagande nazie orchestrée de main de maître, il s'attendait à négocier avec de super-gestionnaires dont on pouvait utiliser *les compétences en soi*, une fois débarrassées de leurs attributs nazis. Elles n'étaient plus là si tant est qu'elles l'aient jamais été. Car un des premiers actes de toute idéologie dure qui prend le pouvoir est de se débarrasser des compétences qui demandent une certaine autonomie de jugement pour les remplacer par des serviteurs de l'idéologie. « Comment, se désolait Galbraith, avons-nous pu avoir peur de ces névrosés incapables de gérer quoi que ce soit ? »

L'histoire ne se répète peut-être pas complètement. Certes, les incompétences et les mensonges de néo-conquistadors sapent leur édifice mais ils sont maintenant sur la place publique grâce aux nouveaux moyens d'information, incontrôlables. Car les nouvelles technologies, qui ont donné sa force à l'idéologie de la haine, sont en train de créer aux États-Unis et ailleurs des formes de contre-pouvoirs virtuels mais bien réels. Ils sont pour l'instant désorganisés et sporadiques, mais il en est ainsi de tous les contre-pouvoirs en formation à qui il faut donner de nouveaux outils afin de les structurer autour d'un droit renouvelé.

Auront-ils la force et le temps de devenir pouvoir légitime ? Nul ne le sait ni ne le saura si l'on ne s'y essaie pas.

Ce livre a été pensé en deux langues, en vingt ans, et conçu avec les mots empruntés à trois cultures qui projettent les unes sur les autres des stéréotypes intensifiés par les enjeux politiques de la globalisation.

Il s'est agi certes d'expliquer l'évolution politique d'un pays – les États-Unis –, mais surtout de faire connaître et donc de traduire celles et ceux qui en analysent la complexité qui n'est locale qu'en apparence.

Mon premier remerciement ira à ces auteurs américains et canadiens, parfois célèbres, parfois obscurs, mais toujours remarquables. Mes deuxièmes remerciements iront à ce petit comité de lecture international qui a pris la peine de bien lire et donc de critiquer le manuscrit : Jean-Christophe Brochier, le général Jean Leclerc, Janine Krieber, Hugues de Jouvenel, Anne Martinez, Keith Wilde, Frances Albernaz, Anne Boitouzet, Anne Sastourné et Brigitte Demaria.

Mon troisième remerciement ira à… un lieu d'apaisement qui fut indispensable à la rédaction d'un livre lourd qui traite de la haine : le Saint-Laurent, dont on ne sait pas, à son estuaire, s'il est océan ou rivière, dont on ne sait pas lorsqu'il contourne l'archipel des Mille-Îles s'il est américain ou canadien. Au-delà de l'histoire qui agite les humains, il est.

Nicole Morgan
Gananoque, le 18 juin 2012.

Table

PREMIÈRE PARTIE

Au début était la haine…

DEUXIÈME PARTIE

Et la haine se glaça

TROISIÈME PARTIE

Et la haine se fit chair

QUATRIÈME PARTIE

La peur et le péché en Amérique

RÉALISATION : NORD COMPO À VILLENEUVE-D'ASCQ (NORD)
IMPRESSION : CPI FIRMIN-DIDOT AU MESNIL-SUR-L'ESTRÉE (EURE)
DÉPÔT LÉGAL : SEPTEMBRE 2012. N° 107622 (113675)
IMPRIMÉ EN FRANCE